Álvaro Zimmermann Aranha

Manoel Benedito Rodrigues

Polinômios e Equações Algébricas
Caderno de Atividades

Editora Policarpo

Coleção Vestibulares

Matemática nos Vestibulares – vol. 4 e 5
História nos Vestibulares – vol. 3 e 4
Geografia nos Vestibulares – vol. 1

Coleção Exercícios de Matemática

Volume 1: Revisão de 1º Grau
Volume 2: Funções e Logaritmos
Volume 3: Progressões Aritméticas e Geométricas
Volume 4: Análise Combinatória e Probabilidades
Volume 5: Matrizes, Determinantes e Sistemas Lineares
Volume 6: Geometria Plana

Caderno de Atividades

Números Complexos
Polinômios e Equações Algébricas
Trigonometria – vol. 1 e 2
Geometria Espacial – vol. 1, 2 e 3
Geometria Analítica – vol. 1 e 2
Matemática – 6º ano – vol. 1 e 2
Matemática – 7º ano – vol. 1 e 2
Álgebra – 8º ano – vol. 1 e 2
Álgebra – 9º ano – vol. 1 e 2
Geometria Plana – 8º ano
Geometria Plana – 9º ano
Desenho Geométrico – 8º ano
Desenho Geométrico – 9º ano

Diagramação e Desenhos: Sueli Cardoso dos Santos - email:suly.santos@gmail.com
www.editorapolicarpo.com.br - contato@editorapolicarpo.com.br
Capa e Fotolitos: **PREPRESS** - Fone: (13) 3251 – 3289
e-mail: prepress@bignet.com.br

Dados Internacionais de Catalogação, na Pubicação (CIP)
(Câmara Brasileira do Livro, SP, Brasil)

Aranha, Álvaro Zimmermann. Rodrigues, Manoel Benedito.
Polinômios e equações algébricas: caderno de atividades/
Álvaro Zimmermann Aranha, Manoel Benedito
Rodrigues. -- 4. ed. -- São Paulo: Editora Policarpo, 2012

ISBN: 978-85-87592-19-4

1. Matemática - Estudo e ensino I. Rodrigues, Manoel Benedito.
II.Título.

11- 12219 CDD-510.7

Índices para catálogo sistemático:
1. Matemática: Estudo e ensino 510.7

EDITORA POLICARPO LTDA
Rua Dr. Rafael de Barros, 175 - Conj.01- São Paulo - SP - CEP: 04003-041
Tel./Fax: (011) 3288-0895
Tel.: (011) 3284-8916

Índice

Resp: 276 D

277 Se $m = 0 \Rightarrow S = \{1, \frac{-1 \pm i\sqrt{3}}{2}\}$

Se $m = -3 \Rightarrow S = \{-2 \frac{-1 + \sqrt{21}}{2}\}$

278 A

279 D

Polinômios

Definição: Chama-se **polinômio na indeterminada x** a toda expressão redutível à forma

$$\mathbf{P(x) = a_0x^n + a_1x^{n-1} + a_2x^{n-2} + ... + a_{n-1}x + a_n}$$

onde $\mathbf{a_0, a_1, a_2, ..., a_n}$ são coeficientes complexos, **x** é uma indeterminada (variável) complexa,

gr (P) = n ∈ N é o grau de P(x) (se $a_0 \neq 0$) ,

$\mathbf{a_0 \neq 0}$ é o coeficiente dominante de P(x) ,

$\mathbf{a_n = a_nx^0}$ é o termo de grau zero ou termo independente de **x**.

Valor de um polinômio

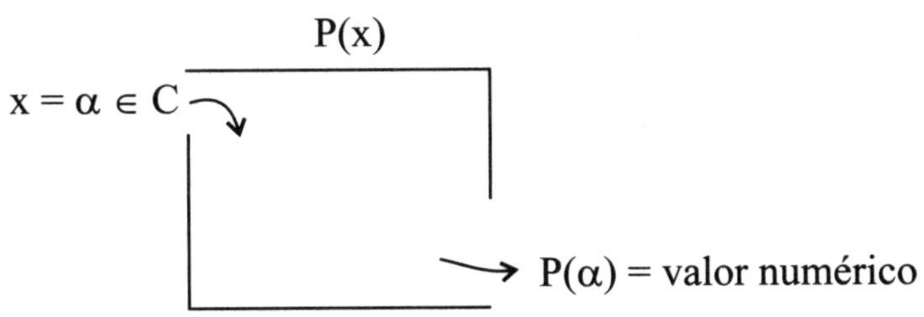

Dados um polinômio $P(x) = a_0x^n + a_1x^{n-1} + ... + a_n$ e um número α C, chama-se **valor numérico** de **P(x) para x = α** ao número complexo $\mathbf{P(\alpha) = a_0\alpha^n + a_1\alpha^{n-1} + ... + a_{n-1}\alpha + a_n}$.

Raiz ou zero de um polinômio

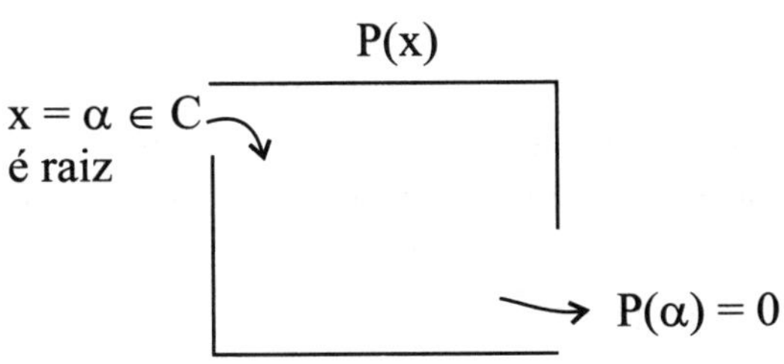

α ∈ **C** é raiz do polinômio **P(x)** se, e somente se **P(α) = 0.**

Observações:

(1ª) Se **A é uma matriz quadrada de ordem m** e P(x) um polinômio, **P(A)** chama-se **valor de P(x) para x = A** e é, também, **uma matriz de ordem m**.

(2ª) Sendo **Q(x)** um polinômio, **P[Q(x)]** é o **valor** do polinômio **P(x)** para **x = Q(x)**.
P[Q(x)] é um polinômio com **grau = gr (P) . gr (Q)** .

276 (ITA - 72) Seja a equação $P(x) = 0$, onde $P(x)$ é um polinômio com coeficientes inteiros de grau **m** . Se $P(x)$ admite uma raiz inteira, então $P(-1) \cdot P(0) \cdot P(1)$ necessariamente:

a) vale 5
b) vale 3
c) é divisível por 5
d) é divisível por 3
e) n.r.a.

277 (UNICAMP - 96) Encontre os valores inteiros de **m** para os quais a equação $x^3 - mx^2 + mx - m^2 = 1$ tem pelo menos uma raiz inteira. Para cada um desses valores de **m** , ache as 3 raízes das equações (do terceiro grau) correspondentes.

278 (ITA 2 97) Sejam a_1, a_2, a_3 e a_4 números reais formando, nesta ordem, uma progressão geométrica crescente com $a_1 \neq 0$. Sejam x_1, x_2 e x_3 as raízes da equação $a_1x^3 + a_2x^2 + a_3x + a_4 = 0$. Se $x_1 = 2i$, então:

a) $x_1 + x_2 + x_3 = -2$
b) $x_1 + x_2 + x_3 = 1$
c) $x_1^2 + x_2^2 + x_3^2 = 4$
d) $x_1 \cdot x_2 \cdot x_3 = 8$
e) $x_1 \cdot x_2 + x_1 \cdot x_3 + x_2 \cdot x_3 = 5$

279 (ITA - 97) Seja **S** o conjunto de todas as raízes da equação $2x^6 - 4x^5 - 4x - 2 = 0$. Sobre os elementos de **S** podemos afirmar que:

a) todos são números reais
b) 4 são números reais positivos
c) 4 não são números reais
d) 3 são números reais positivos e 2 não são reais
e) 3 são números reais negativos.

Resp: **272** $S = \{1, -1, 2, -2, \frac{1}{2}, -\frac{1}{2}\}$ **273** $S = \{-\frac{1}{2}, -2, -\frac{1}{3} - 3\}$

274 a) Demonstração b) $t = 1$ c) $x = \frac{3}{2}$ **275** $S = \{\frac{1}{2}, \frac{3}{2}\}$

Exercícios

1 Lembrando que um polinômio P(x), por definição, só pode apresentar termos da forma ax^n onde **a** $\in$ **C** e **n** $\in$ **N**, escreva **S** (sim) se P(x) for um polinômio e **N** (não) em caso negativo:

a) $P(x) = x^3 + 2x^2 + x - 4x^0$

b) $P(x) = 0x^2 + 0x + 0x^0$

c) $P(x) = x + x^2 - 3x^5$

d) $P(x) = x + x^{\frac{1}{2}} + x^{\frac{1}{4}}$

e) $P(x) = \dfrac{1}{x} + \dfrac{1}{x^2} + x^3$

f) $P(x) = 6$

g) $P(x) = x + x^2 + \sqrt{x}$

h) $P(x) = 2x^4 + \cos x$

i) $P(x) = 3x^2 + 5x + \log x$

j) $P(x) = (\log_2 8)x^2 + \sqrt{2}\,x + (3^{-1})x^0$

2 Dê o grau de cada um dos polinômios seguintes:

a) $P(x) = 5x^4 + 2x - 1x^0$
gr (P) =

b) $P(x) = -4x + 2x^3 + x^2 - 5x^0$
gr (P) =

c) $P(x) = x^3 - 3x^2 + x - x^3 + 5$
gr((P) =

d) $P(x) = 4 = 4x^0$
gr (P) =

e) $P(x) = 2 + x^2 + 5x^3 + x^4$
gr (P) =

f) $P(x) = 2x + 3$
gr (P) =

g) $P(x) = 0x^3 + 0x^2 + 0x + 0x^0$

h) $P(x) = 1 + i$

3 Dado o polinômio $P(x) = x^2 - x - 6$, calcule os seguintes valores numéricos:

a) P(0) =

b) P(3) =

c) P(i) =

d) P(– 2) =

e) P(1 + i) =

272 (ITA - 62) Resolver a equação $4x^6 - 21x^4 + 21x^2 - 4 = 0$.

273 (FEI - 64) Resolver a equação $6x^4 + 35x^3 + 62x^2 + 35x + 6 = 0$.

274 (EPUSP - 68) Considere a equação, na incógnita x, $3x^3 - 2x^2 + 3x + t^2 - 2t - 1 = 0$.

a) Mostre que, para cada **t** real, ela admite uma raiz única real **r (t)**.

b) Determine o valor de **t** para o qual a qual a raiz **r (t)** é máxima.

c) Determine essa raiz máxima.

275 (EPUSP - 40) Resolver a equação $2^{8x} + 14 . 2^{6x} - 96 . 2^{4x} - 896 . 2^{2x} + 2048 = 0$.

Resp: **268** D **269** B **270** a) $\lambda = -5$ ou $\lambda = 27$ b) $-5 < \lambda < 27$

271 $m d c (f, g) = (x + 1)(x - 1)$

$\boxed{4}$ Dado o polinômio $P(x) = 2x^3 - x^2 + 3x - 1$, calcular os valores pedidos:

a) $P(1 - i) =$

b) $P(x^4) =$

c) $P(1 + x) =$

d) $P(-x) =$

$\boxed{5}$ Dado o polinômio $P(x) = x^{12} + x^6 + x^3 + 1$, calcule $P\left(-\frac{\sqrt{3}}{2} + \frac{1}{2}i\right)$

Sugestão: passe $z = -\frac{\sqrt{3}}{2} + \frac{1}{2}i$ para a forma trigonométrica e use a 1ª fórmula de De Moivre.

$\boxed{6}$ Sendo $P(x) = 3x^2 - 2x + 1$, calcule:

a) $P\,[\,P(x)\,]$

b) $P\,[\,P(x) - 1\,]$

Resp: $\boxed{1}$ a) S b) S c) S d) N e) N f) S g) N h) N i) N j) S
$\boxed{2}$ a) 4 b) 3 c) 2 d) zero e) 4 f) 1 g) não se define grau h) zero
$\boxed{3}$ a) -6 b) 0 (raiz de P (x)) c) $-7 - i$ d) 0 (raiz de P (x)) e) $-7 + i$

268 (ITA - 94) As raízes da equação de coeficientes reais $x^3 + ax^2 + bx + c = 0$ são inteiros positivos consecutivos. A soma dos quadrados dessas raízes é igual a 14 . Então $a^2 + b^2 + c^2$ é igual a:

a) 190 b) 191 c) 192 d) 193 e) 194

269 (ITA - 94) Seja $P(x)$ um polinômio de grau 5 , com coeficientes reais, admitindo **2** e **i** como raízes. Se $P(1)\,P(-1) < 0$, então o número de raízes reais de $P(x)$ pertencentes ao intervalo $]-1, 1[$ é:

a) 0 b) 1 c) 2 d) 3 e) 4

270 (MAPOFEI - 72) É dada a equação $x^3 - 3x^2 - 9x + \lambda = 0$.

a) Quais os valores de λ para os quais a equação admite uma raiz dupla?

b) Para que valores de λ a equação tem três raízes reais distintas duas a duas?

271 (POLI - 68) Determinar o m d c (f, g) se $f = (x^2 - 1)(x + 1)^3$ e $g = (x^3 + 1)(x - 1)$

Resp: **264** C **265** a) $n = -m - 2$ b) $m \in R \mid m < -1$ e $m \neq 5$

266 a) Sim b) Demonstração c) Demonstração **267** D

7 Sabendo que $P(x) = 1 + x + x^2 + ... + x^{33} + x^{34}$, calcule $P(i)$.

8 Dado o polinômio do 3º grau $P(x) = a_0x^3 + a_1x^2 + a_2x + a_3$ (com $a_0 \neq 0$), calcule:

a) $P(1)$

b) $P(0)$

9 Sendo $P(x) = (2x + 3)^2 + 2x - 8$, determine a soma dos coeficientes de $P(x)$ e o seu termo independente de x, sem colocá-lo em sua forma reduzida e ordenada, isto é, **sem organizar o polinômio**.

Sugestão: observe os resultados do exercício anterior.

10 Dado o mesmo polinômio $P(x) = (2x + 3)^2 + 2x - 8$ do exercício anterior, pede-se:

a) Coloque-o na sua forma **reduzida e ordenada** (organize-o)

b) Determine os coeficientes $\mathbf{a_0}$, $\mathbf{a_1}$ e $\mathbf{a_2}$ do polinômio $P(x) = a_0x^2 + a_1x + a_2$ resultante no item (a)

c) Calcule a soma dos coeficientes $(\mathbf{a_0} + \mathbf{a_1} + \mathbf{a_2})$ do polonômio do item (b)

d) Determine o termo $\mathbf{a_2}$ (independente de x) desse polinômio

e) Calcule $P(1)$ e $P(0)$ usando o polinômio resultante do item (a)

f) Confronte estes resultados com os do exercício 9.

Resp: 4 a) $-2-5i$ b) $2x^{12}-x^8+3x^4-1$ c) $2x^3+5x^2+7x+3$ d) $-2x^3-x^2-3x-1$

5 $P(z)=1+i$ 6 a) $27x^4-36x^3+24x^2-8x+2$ b) $27x^4-36x^3+6x^2+4x+1$

Exercícios Gerais

264 (FUVEST - 97) $P(x)$ é um polinômio cujas raízes formam uma progressão geométrica de razão 2 e primeiro termo 2. O coeficiente do termo de mais alto grau de $P(x)$ é 1 e o termo independente é igual a 2^{21}. O grau do polinômio é:

a) 4 b) 5 c) 6 d) 7 e) 8

265 (FUVEST - 97) Suponha que o polinômio do 3º grau $P(x) = x^3 + x^2 + mx + n$, onde **m** e **n** são números reais, seja divisível por $x - 1$.

a) Determine **n** em função de **m**.
b) Determine **m** para que $P(x)$ admita raiz dupla diferente de 1.
c) Que condições **m** deve satisfazer para que $P(x)$ admita três raízes reais e distintas?

266 (UNICAMP - 97) Seja $p(x) = x^3 - 12x + 16$.

a) Verifique que $x = 2$ é raiz de $p(x)$.
b) Use fatoração para mostrar que se $x > 0$ e $x \neq 2$, então $p(x) > 0$.
c) Mostre que, entre todos os prismas retos de bases quadradas que têm volume igual a 8 cm^3, o cubo é o que tem menor área total.

267 (FUVEST - 96) Seja $p(x) = x^4 + bx^3 + cx^2 + dx + e$ um polinômio com coeficientes inteiros. Sabe-se que as quatro raízes de $p(x)$ são inteiras e que três delas são pares e uma é ímpar. Quantos coeficientes pares tem o polinômio $p(x)$?

a) 0 b) 1 c) 2 d) 3 e) 4

Resp: **261** a) Demonstração
b) $S = \{-3, 1 + i, 1 - i\}$

262 $S = \{3, \frac{3 \pm i\sqrt{7}}{2}\}$

263 Demonstração

11 Calcule a **soma dos coeficientes** do polinômio $P(x) = (3x^2 - 2x + 1)^5 + x^2 - x - 1$.

12 Determine o **termo de grau zero** do polinômio

$$P(x) = (4x^3 + x^2 - 3x - 1)^{100} (x^2 + 2x - 1)^{99} (x^4 + x - 2)^3 .$$

13 Fatore as seguintes expressões:

a) $a^2 + 3a + 2 =$

b) $a^2 + 4a + 3 =$

c) $a^2 - a - 6 =$

d) $a^2 - 1 =$

14 Discuta o grau do polinômio

$P(x) = (a^2 + 3a + 2)\ x^3 - (a^2 + 4a + 3)\ x^2 + (a^2 - a - 6)\ x + a^2 - 1$ quando o **parâmetro a** varia no conjunto **C**.

Sugestão: utilize os resultados do exercício 13.

Resp: **7** i

8 a) $P(1) = a_0 + a_1 + a_2 + a_3$ = soma dos coeficientes de P(x)

b) $P(0) = a_3$ = termo independente de x (termo com grau zero)

9 P(1) = 19 = soma dos coeficientes P(0) = 1 = termo independente de x

10 a) $P(x) = 4x^2 + 14x + 1$ b) $a_0 = 4,\ a_1 = 14,\ a_2 = 1$ c) soma = 19

d) $a_2 = 1$ e) P(1) = 19 e P(0) = 1

261 (MAPOFEI - 71) a) Provar: se o número racional $\frac{p}{q}$, **p** e **q** primos entre si, é raiz de uma equação algébrica com coeficientes inteiros $a_0x^n + a_1x^{n-1} + ... + a_{n-1}x + a_n = 0$ $(a_0 \neq 0)$, então p é divisor de a_n e q é divisor de a_0 .

b) Determinar as raízes da equação $x^3 + x^2 - 4x + 6 = 0$.

262 (MACK - 70) Resolver no conjunto dos números complexos a equação $(x-2)^3 = 4 - x$.

263 (EPUSP - 68) Mostrar que é inteiro o número $\sqrt[3]{2 + \frac{10}{9}.\sqrt{3}} \quad \sqrt[3]{2 - \frac{10}{9}.\sqrt{3}}$

Resp: 258 $S = \{-1, -2, -3\}$

259 $\alpha_1 = \alpha_2 = -1$, $\alpha_3 = 2$, $\alpha_4 = \frac{4}{3}$

260 $S = \{1, -1, 2\}$

$S = \{-1, 2, \frac{4}{3}\}$

15 Discuta, em função do parâmetro **a** $\in$ **C**, os graus dos polinômios P(x) seguintes:

a) $P(x) = (a^2 - 4a + 3)\,x^4 - (a^2 - 3a)\,x^3 + (a^2 - 2a - 3)\,x + (a^2 + 2a - 3)\,x^0$

b) $P(x) = (a^2 + a - 20)\,x^6 - (a^2 - 3a - 4)\,x^3 - a + 4$

c) $P(x) = (a^2 + 1)\,x^2 + (a^2 - 1)\,x + (a + 6)$

d) $P(x) = (a + 7)\,x^3 - (a^2 + 6a - 7)\,x - (a^2 - 5a - 14)\,x^0$

16 Dados os polinômios $\mathbf{P(x)} = 4x^3 - 3x^2 + 5x - 6x^0$ e $\mathbf{Q(x)}$ que é um polinômio com grau 4, determine os graus dos polinômios seguintes (observe, novamente, os resultados dos exercícios 4 (b, c) e 6 (a, b)):

a) $A(x) = P\,[\,Q(x)\,]$

b) $B(x) = P\,[\,Q(x) + 6\,]$

Resp: **11** $S = P(1) = 31$ **12** $a_n x^0 = P(0) = 8$

13 a) $(a+1)(a+2)$ b) $(a+1)(a+3)$ c) $(a-3)(a+2)$ d) $(a+1)(a-1)$

14 se $a \neq -1$ e $a \neq -2 \Rightarrow gr(P) = 3$, se $a = -1 \Rightarrow gr(P) = 1$, se $a = -2 \Rightarrow gr(P) = 2$

258 Aplicando o Teorema das raízes racionais à equação $\mathbf{x^3 + 6x^2 + 11x + 6 = 0}$ determine:

a) As possíveis raízes fracionárias dessa equação.

b) As possíveis raízes inteiras dessa equação.

c) Todas as raízes dessa equação.

259 Resolver a equação $3x^4 - 4x^3 - 9x^2 + 6x + 8 = 0$ sabendo que ela admite exatamente três raízes inteiras.

260 (POLI - 58) Resolver a equação $x^3 - 2x^2 - x + 2 = 0$.

Resp: 256 $D(-10) = \{\pm 1, \pm 2, \pm 5, \pm 10\}$

$D_2 = \{1, 2\}$

$\frac{p}{q} \in \{\pm 1, \pm 2, \pm 5, \pm 10, \pm \frac{1}{2}, \pm \frac{5}{2}\}$

257 $S = \{-2, \frac{1}{2}, 1 \pm 2i\}$

17 Determine, em cada item, a polinômio **P(x) do 1º grau** tal que:

a) $\mathbf{P(1) = -5}$ e $\mathbf{P(6) = 5}$

b) $\mathbf{P(1-i) = i}$ e $\mathbf{P(-i) = -1 + 2i}$

18 Determine o polinômio P(x) do 1º grau que admite $\mathbf{1 - i}$ como raiz e tal que $\mathbf{P(i) = i - 3}$.
Lembre-se: $\alpha \in C$ é raiz de $P(x) \Leftrightarrow P(\alpha) = 0$

Resp: 15 a) Se $\mathbf{a} \neq \mathbf{1}$ e $\mathbf{a} \neq \mathbf{3} \Rightarrow$ gr (P) = 4, se $\mathbf{a = 1} \Rightarrow$ gr (P) = 3, se $\mathbf{a = 3} \Rightarrow$ gr (P) = 0

b) Se $\mathbf{a} \neq \mathbf{4}$ e $\mathbf{a} \neq \mathbf{-5} \Rightarrow$ gr (P) = 6, se $\mathbf{a = -5} \Rightarrow$ gr (P) = 3, se $\mathbf{a = 4} \Rightarrow$ não se define grau pois $P(x) \equiv 0$

c) Se $\mathbf{a} \neq \mathbf{i}$ e $\mathbf{a} \neq \mathbf{-i} \Rightarrow$ gr (P) = 2 =, se $\mathbf{a = i}$ ou $\mathbf{a = -i} \Rightarrow$ gr (P) = 1

d) Se $\mathbf{a} \neq \mathbf{-7} \Rightarrow$ gr (P) = 3, se $\mathbf{a = -7} \Rightarrow$ gr (P) = 0

16 a) gr (A) = 12 b) gr (B) = 12

256 a) Determine os divisores **inteiros** de $-10\,(p)$.

b) Determine os divisores **naturais** de $2\,(q)$.

c) Determine todas as frações $\frac{p}{q}$ (p e q primos entre si) com os valores obtidos acima.

$D_{(-10)} = \{$

$D_{(2)} = \{$

$\frac{p}{q} \in \{$

257 Resolver a equação $2x^4 - x^3 + 2x^2 + 19x - 10 = 0$ sabendo que ela admite raízes racionais.
Observação: utilize os resultados do exercício anterior.

Resolução: Verificaremos uma por uma as possíveis raízes $\frac{p}{q}$ no polinômio $P(x)$ da equação dada, até que obtenhamos 2 raízes recaindo, então, numa equação de 2º grau.

$P(1) = 2 - 1 + 2 + 19 - 10 \neq 0$
$P(-1) = 2 + 1 + 2 - 19 - 10 \neq 0$

$P(2) = 32 - 8 + 8 + 38 - 10 \neq 0$

$\mathbf{P(-2) = 32 + 8 + 8 - 38 - 10 = 0}$

			-2
		0	$\frac{1}{2}$
	0		

$P(5) = 1250 - 125 + 50 + 95 - 10 \neq 0$
$P(-5) = 1250 + 125 + 50 - 95 - 10 \neq 0$
$P(10) = 20000 - 1000 + 200 + 190 - 10 \neq 0$
$P(-10) = 20000 + 1000 + 200 - 190 - 10 \neq 0$

$\mathbf{P\left(\frac{1}{2}\right) = \frac{1}{8} - \frac{1}{8} + \frac{1}{2} + \frac{19}{2} - 10 = 0}$

$Q(x) =$

$\Rightarrow P(x) = (x + 2)(x + \frac{1}{2}).Q(x)$

19 (FUVEST - 77) Determinar o polinômio **P(x) do 1º grau**, de coeficientes complexos, tal que **P(1) = 1 + i**, sabendo que **1 + i é raiz** desse polinômio.

20 Determinar o polinômio **P(x) do 2º grau** que tem **1 como raiz**, sabendo que **P(– 1) = – 2i** e **P(1 + i) = 1 – 4i** .

Resp: 17 a) $P(x) = 2x - 7$ b) $P(x) = (1 - i)x + 3i$ 18 $P(x) = (1 + i)x - 2$

Teorema das raízes racionais $\left(\frac{p}{q}\right)$

Enunciado: "Se um polinômio $P(x) = a_0x^n + a_1x^{n-1} + \ldots + a_{n-1}x + a_n$, de **coeficientes inteiros**, admite como raiz o número racional $\frac{p}{q}$ ($p \in Z$, $q \in Z_+^*$, p e q primos entre si) então **p é divisor de a_n** e **q é divisor de a_0**.

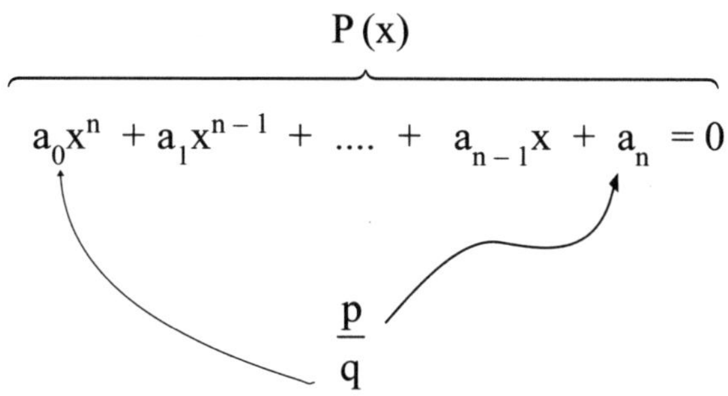

Observações:

1ª) Este teorema não assegura que a equação $P(x) = 0$ acima admita alguma raiz racional.

2ª) Se $a_0 = 1$ então as eventuais raízes racionais dessa equação serão inteiras ($q = 1 \Rightarrow \frac{p}{1} \in Z$).

3ª) Para procurar as eventuais raízes inteiras dessa equação basta procurar os divisores de a_n pois se $\frac{p}{q} \in Z$ e **p** e **q** são primos entre si então **q = 1** e **p** é divisor de a_n.

Resp: 253 $(m, k) = (1, -8)$ 254 Demonstração 255 A

21 Lembre-se: α é raiz de P(x) $\Leftrightarrow$ $P(\alpha) = 0$

Assim sendo, verifique em cada caso se os números α_i, $(\alpha_1, \alpha_2, \alpha_3, ...)$ são ou não raízes dos polinômios P(x) dados:

a) $\mathbf{P(x) = x^2 - 6x + 5}$

$\alpha_1 = 1 \rightarrow P(1) =$

$\alpha_2 = 0 \rightarrow P(0) =$

$\alpha_3 = 5 \rightarrow P(5) =$

b) $\mathbf{P(x) = 2x^3 - 7x^2 + 3x}$

$P(x) = 2x\left(x^2 - \frac{7}{2}x + \frac{3}{2}\right)$

$\alpha_1 = -3 \rightarrow P(-3) =$

$\alpha_2 = \frac{1}{2}$

$\alpha_3 = 0$

$\alpha_4 = 1$

c) $\mathbf{P(x) = 5(x^2 + 1)}$

$\alpha_1 = i$

$\alpha_2 = 1$

$\alpha_3 = 0$

$\alpha_4 = -i$

d) $\mathbf{P(x) = a_0 (x^2 - 2x + 2)}$

$(a_0 \in C^*)$

$\alpha_1 = -1$

$\alpha_2 = 0$

$\alpha_3 = 1 + i$

e) $\mathbf{P(x) = (2x - 1)(x - 3)(x + 1)}$

$P(x) = 2\left(x - \frac{1}{2}\right)(x - 3)(x + 1)$

$\alpha_1 = 1 \rightarrow P(1) =$

$\alpha_2 = -1$

$\alpha_3 = 3$

$\alpha_4 = \frac{1}{2}$

$\alpha_5 = 0$

f) $\mathbf{P(x) = a_0 x (x - 2)(x + 3)(x - i)}$

$(a_0 \in C^*)$

$\alpha_1 = 0$

$\alpha_2 = 1$

$\alpha_3 = i$

$\alpha_4 = 3$

$\alpha_5 = 2$

Resp: **19** $P(x) = (-1 + i)x + 2$ **20** $P(x) = -2x^2 + ix + 2 - i$

253 (EFE - 55) Deteminar **m** e **k** de modo que a cada raiz **α** da equação $mx^4 + 8x^3 + 13x^2 + kx + 1 = 0$, corresponda o número $-\frac{1}{\alpha}$ também raiz da mesma equação.

254 (MACK - 68) Provar que se **a** e **b** são raízes da equação $x^2 - px + B^m = 0$, temos: $\log_B a^a + \log_B b^b + \log_B a^b + \log_B b^a = mp$.

255 (EPUSP - 65) Sejam **a, b, c** as raízes da equação $x^3 - 3x^2 + 4x + k = 0$. A soma $a^2 + b^2 + c^2$:

a) é igual a 1
b) é igual a 9
c) é igual a 16
d) depende de k
e) nenhuma das respostas anteriores

Resp: 250 $a^3 + b^3 + c^3 = -60$

251 $\begin{cases} S = \{-2, 2i, -2i\} \\ x^3 + 2x^2 + 4x + 8 = 0 \\ PG = 6A = (2i, -2, -2i) \end{cases}$

252 $(p, q) = (-2, 0)$ ou $(p, q) = (-1, 1)$

22 Determine os valores de **m, n** $\in$ **R** de modo que **1 + i** seja raiz do polinômio $P(x) = x^4 + mx^2 + nx + 6 - 4i$.

23 Lembrando que **α é raiz de P(x) $\Leftrightarrow$ P(α) = 0** , determine as raízes dos polinômios seguintes, escritos na sua **forma fatorada** (chame as raízes de $\alpha_1, \alpha_2, \alpha_3, ...$):

a) $P(x) = 2\,(x-3)\,(x+2)$

$\alpha_1 =$ $\alpha_2 =$

b) $P(x) = (1+i)\,(x-3)\,(x+2)$

$\alpha_1 =$ $\alpha_2 =$

c) $P(x) = a_0\,(x-3)\,(x+2)$
$(a_0 \in C^*)$

$\alpha_1 =$ $\alpha_2 =$

d) $P(x) = (x-i)\,(x-1)\,(x+1)$

$\alpha_1 =$ $\alpha_2 =$ $\alpha_3 =$

e) $P(x) = k\,[x-(1-i)]$
$(k \in C^*)$

$\alpha_1 =$

f) $P(x) = a_0\,(x-2)^2\,(x+5)$
$(a_0 \in C^*)$

$\alpha_1 =$ $\alpha_2 =$ $\alpha_3 =$

24 Fatore cada um dos polinômios seguintes e, a seguir, determine sua raízes:

a) $P(x) = x^2 - x - 12$ (lembre-se: **produto = – 12** e **soma = – 1)**

$P(x) = (x \qquad)\,(x \qquad)$ raízes: $\alpha_1 =$ e $\alpha_2 =$

b) $P(x) = 5x^2 - 15x + 10$

$P(x) = 5(\qquad) = 5\,(\qquad)\,(\qquad)$

raízes: $\alpha_1 =$ e $\alpha_2 =$

Resp: **21** Nas respostas deste exercício estamos colocando apenas aquelas que **são raízes**; as demais, evidentemente, não são raízes em cada item:

a) $\{1, 5\}$ b) $\{\frac{1}{2}, 0\}$ c) $\{\pm i\}$ d) $\{1+i\}$ e) $\{-1, 3, \frac{1}{2}\}$ f) $\{0, 2, i\}$

250 Se **a , b, c** são as raízes da equação $x^3 - rx + 20 = 0$ $(r \in R)$, determine o valor de $a^3 + b^3 + c^3$.

251 (MACK - 63) Numa equação do terceiro grau, o primeiro coeficiente é 1, o segundo é igual a 2, o terceiro desconhecido e o último é 8. Sabendo que essa equação tem as três raízes em P.G., pede-se determinar as raízes e escrever a equação.

252 (EPUSP - 43) Determinar **p** e **q** de modo que a equação $x^4 + px^3 + 2x^2 - x + q = 0$, apresente duas raízes recíprocas entre si e as outras duas raízes com soma igual a 1.

Resp: 247 $A = \frac{1}{4}\sqrt{-m^4 + 4m^2n - 8mk}$ 248 $-\frac{5}{2}$ 249 (a, b) = 1, – 12)

24 c) $P(x) = x^2 + (1 + \sqrt{2})\,x + \sqrt{2}$

d) $P(x) = x^2 + (2 + i)\,x + 2i$

e) $P(x) = 3x^2 + 3$

f) $P(x) = x^2 - (1 + i)\,x + i$

g) $P(x) = x^3 - 6x^2 + 11x - 6$

Dica: $P(x) = \underbrace{x^3 - 1x^2}\, \underbrace{- 5x^2 + 5x}\, \underbrace{+ 6x - 6}$. Fatore, a seguir, por agrupamento.

25 Após observar atentamente o exercício 23, determine (na forma fatorada):

a) Um polinomio P(x) do **2º grau** que admita **3 e 5** como raízes.

b) P(x) do **2º grau**, com raízes **2 e – 1**.

c) P(x) do **3º grau**, com raízes **i, – i e 4**.

d) P(x) do **3º grau**, sabendo que a equação **P(x) = 0** tem conjunto - solução $S = \{1, 6\}$.

Resp: 22 $(m, n) = (3, -2)$

23 a) $\alpha_1 = 3, \alpha_2 = -2$ b) $\alpha_1 = 3, \alpha_2 = -2$ c) $\alpha_1 = 3, \alpha_2 = -2$
d) $\alpha_1 = i, \alpha_2 = 1, \alpha_3 = -1$ e) $\alpha_1 = 1 - i$ f) $\alpha_1 = \alpha_2 = 2, \alpha_3 = -5$

24 a) $\alpha_1 = 4, \alpha_2 = -3$
b) $\alpha_1 = 1,\ \alpha_2 = 2$

247 As medidas dos lados de um triângulo **(a, b, e c)** são também as raízes da equação $x^3 + mx^2 + nx + k = 0$. Determine, em função de **m, n e k**, a área desse triângulo.

Sugestão: utilize a fórmula de Hierão para cálculo da área de um triângulo.

$A = \sqrt{p(p-a)(p-b)(p-c)}$ onde $p \quad \frac{a+b+c}{2}$ (semi- perímetro)

248 (POLI - 60) Sendo **a, b, c** as raízes da equação $x^3 - \sqrt{3}\,x^2 + 54 = 0$, calcular $\log_3 \left(\frac{1}{a^2} + \frac{1}{b^2} + \frac{1}{c^2}\right)$.

249 (FUVEST - 78) Determine **a, b** de modo que 2 seja raiz dupla da equação $ax^3 + bx + 16 = 0$.

Resp: 244 $S = \{1, -1, -2+i, -2-i\}$ 245 $S = \{-3, -\frac{1}{3}, -1+i, -1-i\}$ 246 $m = -3$

26 Dada a matriz $A = \begin{bmatrix} 1 & 2 \\ 3 & -1 \end{bmatrix}$, calcule:

a) $A^2 = A.\ A =$

b) $-2A =$

c) $A^0 = I_2 =$

27 Dados o polinômio $P(x) = x^2 - 2x + 3$ e a **matriz A** do exercício anterior, determine a **matriz P(A)**.
Dica: $P(x) = x^2 - 2x + \mathbf{3} = x^2 - 2x + \mathbf{3x^0}$.

28 Sendo dados o polinômio $P(x) = x^2 + 3x - 6$ e a matriz $A = \begin{bmatrix} 1 & 2 & 0 \\ -2 & 1 & 2 \\ 0 & -1 & -3 \end{bmatrix}$, determine a matriz P(A).

Resp: 24 c) $\alpha_1 = -1, \alpha_2 = -\sqrt{2}$ d) $\alpha_1 = -2, \alpha_2 = -i$ e) $\alpha_1 = i, \alpha_2 = -i$
f) $\alpha_1 = 1, \alpha_2 = i$ g) $\alpha_1 = 1, \alpha_2 = 2, \alpha_3 = 3$

25 ($a_0 \in C^*$) a) $P(x) = a_0 (x-3)(x-5)$ b) $P(x) = a_0 (x-2)(x+1)$ c) $P(x) = a_0 (x-i)(x+i)(x-4)$
d) $P(x) = a_0 (x-1)^2 (x-6)$ ou $P(x) = a_0 (x-1)(x-6)^2$

244 Resolver a equação $x^4 + 4x^3 + 4x^2 - 4x - 5 = 0$ sabendo que admite duas raízes simétricas (ou opostas).

245 Resolver a equação $3x^4 + 16x^3 + 29x^2 + 26x + 6 = 0$ sabendo que admite duas raízes recíprocas (ou inversas).

246 (E.N.E - 51) Determinar m de modo que a equação $x^3 + mx - 2 = 0$, tenha uma raiz dupla.

Resp: 241 B   242 A   243 $S = \{ 2, 1 + i, 1 - i \}$

29 Dada a matriz $A = \begin{bmatrix} 1 & 1 \\ 1 & 1 \end{bmatrix}$, calcule:

a) $A^2 = A.\ A =$

b) $A^3 = A^2.\ A =$

c) $A^4 = A^3.\ A =$

d) $A^5 = A^4.\ A =$

30 Dados $\mathbf{P(x) = x^n - 2^{n-1}\,x}$ $(n \in N^*)$ e a **matriz A** do exercício anterior, determine P(A).

31 Dados $P(x) = 1 + x + x^2 + x^3 + \ldots\ldots + x^{20}$ e a matriz $A = \begin{bmatrix} 2 & 3 \\ -1 & -2 \end{bmatrix}$, calcule:

a) $A^2 = A.\ A =$

b) $A^3 = A^2.\ A =$

c) $A^4 = A^3.\ A =$

d) $A^5 =$

e) P(A)

Resp: **26** a) $A^2 = \begin{bmatrix} 7 & 0 \\ 0 & 7 \end{bmatrix}$ b) $-2A = \begin{bmatrix} -2 & -4 \\ -6 & 2 \end{bmatrix}$ c) $A^0 = I_2 = \begin{bmatrix} 1 & 0 \\ 0 & 1 \end{bmatrix}$

27 $P(A) = \begin{bmatrix} 8 & -4 \\ -6 & 12 \end{bmatrix}$ **28** $P(A) = \begin{bmatrix} -6 & 10 & 4 \\ -10 & -8 & 2 \\ 2 & -1 & -8 \end{bmatrix}$

241 (PUC - 70) Os valores de **h** para que a equação $x^3 + hx^2 + (2h+1)x + 1 = 0$ admita duas raízes opostas são:

a) 0 ou 1 b) $\frac{1}{2}$ ou -1 c) 1 ou $\frac{1}{2}$ d) 2 ou 3 e) n.d.a.

Obbservação: os números **a, b** são opostos (ou simétricos) se $a = -b \Leftrightarrow a + b = 0$.

242 (CICE - 68) Determinar a condição para que as raízes da equação $x^3 - bx^2 + cx - d = 0$ estejam em progressão geométrica.

Lembre-se: PG = $(\alpha,\beta,\gamma) \Leftrightarrow \frac{\beta}{\alpha} = \frac{\gamma}{\beta} \Leftrightarrow \beta^2 = \alpha\gamma$

a) $b^3d = c^3$ b) $b^2d = c^2$ c) $bd^2 = c^3$ d) $bd^3 = c^3$ e) $b^2d = c^3$

243 Resolver a equação $x^3 - 4x^2 + 6x - 4 = 0$ sabendo que uma das raízes é igual ao produto das outras duas.

Resp: **239** $m = 15$ e $S = \{1, 3, 5\}$ **240** $S = \{2, \frac{12}{5}, 3\}$

32 Sendo dados $\mathbf{P(x) = 2x^2 - 3x + 1}$ e $\mathbf{Q(x) = x + 1}$, determine os polinômios:

a) P [Q(x)]

b) P [P(x) – 1]

33 Dados os polinômios $\mathbf{P(x) = x^2 + 2x + 3}$ e $\mathbf{Q(x) = 2x + 1}$, determine:

a) P [Q(x)]

b) P (– 2x – 3)

Resp: **29** a) $A^2 = \begin{bmatrix} 2 & 2 \\ 2 & 2 \end{bmatrix}$ b) $A^3 = \begin{bmatrix} 2^2 & 2^2 \\ 2^2 & 2^2 \end{bmatrix}$ c) $A^4 = \begin{bmatrix} 2^3 & 2^3 \\ 2^3 & 2^3 \end{bmatrix}$ d) $A^5 = \begin{bmatrix} 2^4 & 2^4 \\ 2^4 & 2^4 \end{bmatrix}$

30 $P(A) = \begin{bmatrix} 0 & 0 \\ 0 & 0 \end{bmatrix}$

31 a) $A^2 = \begin{bmatrix} 1 & 0 \\ 0 & 1 \end{bmatrix} = I_2$ b) $A^3 = A$ c) $A^4 = I_2$

d) $A^5 = A$ e) $P(A) = 10A + 11\ I_2 = \begin{bmatrix} 31 & 30 \\ -10 & -9 \end{bmatrix}$

239 Determine **m** de modo que as raízes da equação $x^3 - 9x^2 + (m + 8)x - m = 0$ estejam em P.A. (progressão aritmética). Resolva-a, a seguir, para este valor de **m**.
Lembre-se: **PA = (a, b, c)** $\Leftrightarrow$ $b - a = c - b$ $\Longleftrightarrow$ $\mathbf{2b = a + c}$

240 (ITAJUBÁ - 55) Resolver a equação $5x^3 - 37x^2 + 90x - 72 = 0$ sabendo que uma raiz é média harmônica das outras duas. $\left(\frac{1}{b} = \frac{\frac{1}{a} + \frac{1}{c}}{2} \right)$

Resp: **237** $S = \{2, 3, \frac{1}{3}\}$ **238** $S = \{-2, \frac{1}{2}, 3\}$

34 Determine o polinômio **Q(x)** sabendo que $\mathbf{P(x) = 3x - 5}$ e $\mathbf{P[\,Q(x)\,] = 12x - 8}$.

35 Sabendo que $\mathbf{f[\,g(x)\,] = 9x^2 - 15x + 5}$ e $\mathbf{f(x) = x^2 - x - 1}$, determine o polinômio **g(x)**.

36 Determine **Q(x)** sabendo que $\mathbf{P(x) = x^2 + 2x + 3}$ e $\mathbf{P[\,Q(x)\,] = 4x^2 + 8x + 6}$.

Observação: após o término deste exercício, olhe a resolução do exercício 33.

Resp: 32 a) $P[\,Q(x)\,] = 2x^2 + x$ b) $P[P(x) - 1] = 8x^4 - 24x^3 + 12x^2 + 9x + 1$

33 a) $P[\,Q(x)\,] = 4x^2 + 8x + 6$ b) $P(-2x - 3) = 4x^2 + 8x + 6$

237 (E.E.MAUÁ - 64) Determinar as raízes da equação $3x^3 - 16x^2 + 23x - 6 = 0$ sabendo que admite duas raízes recíprocas (inversas).

Lembre-se: **a** e **b** são números inversos (ou recíprocos) se **a . b = 1** ou seja $\mathbf{a = \frac{1}{b}}$.

238 Resolver a equação $2x^3 - 3x^2 - 11x + 6 = 0$ sabendo que uma raiz é média aritmética das outras duas.
$(\ b = \frac{a + c}{2}\cdot)$

Resp: 235 a) $V = abc = 6m^3$

b) $S_T = 28\ m^2$

c) $d = \sqrt{21}\ m$

236 a) $= S = -\frac{a_1}{a_0} = 3$

b) $P = \frac{a_{20}}{a_0} = -6$

37 Sendo $\mathbf{P[\,Q(x)\,] = 12x - 8}$ e $\mathbf{Q(x) = 4x - 1}$, determine $\mathbf{P(x)}$.

38 Determine $\mathbf{P(x)}$ sabendo que $\mathbf{P(1 - 2x) = 8x^2 + 2x - 10}$.

39 Se $\mathbf{P(3x - 2) = 9x^2 - 15x + 5}$, determine $\mathbf{P(x)}$.

40 Calcule $\mathbf{P(x)}$ sabendo que $\mathbf{P[\,Q(x)\,] = 4x^2 + 8x + 6}$ e $\mathbf{Q(x) = 2x + 1}$.

Observação: após este, olhe a resolução do exercício 33 (a).

Resp: **34** $Q(x) = 4x - 1$ **35** $g(x) = 3x - 2$ ou $g(x) = -3x + 3$

36 $Q(x) = 2x + 1$ ou $Q(x) = -2x - 3$

235 Considere a equação do $x^3 - 7x^2 + 14x - 6 = 0$, cujas raízes **a, b, c** são também as medidas (em metros) das arestas de um paralelepípedo reto-retângulo . Nessas condições, determine:

a) o volume desse prisma

b) a área total dele

c) a medida da diagonal dele

236 Chamando de $\alpha_1, \alpha_2, \alpha_3, ..., \alpha_{20}$ as vinte raízes da equação $2x^{20} - 6x^{19} + 4x^7 + 10x^2 - x - 12 = 0$, calcule:

a) a soma das raízes $= \alpha_1 + \alpha_2 + \alpha_3 + ... + \alpha_{20}$

b) o produto das raízes $= \alpha_1\alpha_2\alpha_3 \cdot \ ... \ \cdot \alpha_{20}$

Resp: 234 a) $S = 2$ b) $P = 4$ c) $\frac{1}{a} + \frac{1}{b} + \frac{1}{c} = \frac{1}{4}$

d) $a^2 + b^2 + c^2 = 2$ e) $\frac{1}{a^2} + \frac{1}{b^2} + \frac{1}{c^2} = -\frac{15}{16}$ f) $\frac{1}{ab} + \frac{1}{ac} + \frac{1}{bc} = \frac{1}{2}$

Identidade

Definição: Chama-se identidade (indica- se $\equiv$) a igualdade contendo variáveis (uma ou mais) e que é **verdadeira para quaisquer valores** numéricos atribuidos às variáveis (dentro do domínio de validade da expressão).

Exemplos:

a) $2(x+3) \equiv 2x+6$ (é verdadeira para ($\forall\ x \in C$)

b) $(a+b)^2 \equiv a^2+2ab+b^2$ (verdadeira para ($\forall$ a, b $\in$ C)

c) $1+tg^2x \equiv sec^2x$ (verdadeira $\forall\ x \in R \mid x \neq \frac{\pi}{2} + k\pi, k) \in Z$

d) $\binom{n}{p-1} + \binom{n}{p} = \binom{n+1}{p}$ (**n, p** obedecendo às condições de existência dos coeficientes binomiais)

(Relação de Stifel)

Convenção neste livro:	**P(x)** $\rightarrow$ polinômio de **variável x**
	P(α) $\rightarrow$ valor numérico para $\mathbf{x = \alpha \in C}$

Exercícios:

41 Dados os polinômios seguintes, calcule $P(2), P(-3), P(0)$ e $P(1+i)$ em cada caso:

a) $P(x) = 4 = 4x^0$ (polinômio de grau zero)

b) $P(x) = 0$, ou seja, $P(x) = 0x^3 + 0x^2 + 0x + 0x^0$ (polinômio nulo)

c) $P(x) = 2x - 6$ (polinômio com grau 1)

Resp: 37 $P(x) = 3x - 5$ 38 $P(x) = 2x^2 - 5x - 7$
39 $P(x) = x^2 - x - 1$ 40 $P(x) = x^2 + 2x + 3$

234 Chamando de **a, b, c** as raízes da equação $x^3 - 2x^2 + x - 4 = 0$, determine o que se pede em cada item sem achar essas raízes:

$$\begin{matrix} 1x^3 & - 2x^2 & + 1\,x & - 4 = 0 \\ a_0 & a_2 & a_3 & a_4 \end{matrix}$$

$$\begin{cases} 1)\ a + b + c = \\ 2)\ ab + ac + bc = \\ 3)\ abc = \end{cases}$$

a) a soma das raízes (a + b + c)

b) o produto das raízes (a b c)

c) a soma dos inversos das raízes

d) a soma das quadrados das raízes

e) a soma dos inversos dos quadrados das raízes

f) $\frac{1}{ab} + \frac{1}{ac} + \frac{1}{bc}$

42 Observando os resultados do exercício anterior, dê o grau e as raízes dos polinômios seguintes:

a) $P(x) = 4$

b) $P(x) = 0$

c) $P(x) = 2x - 6$

43 Observando, ainda, os resultados do exercício 41, diga se é correto, em cada caso, usar-se o símbolo $\equiv$ **(identidade)**:

a) $\mathbf{P(x) \equiv 4}$ pois $P(\alpha) = 4$ para qualquer $\alpha \in C$.

b) $\mathbf{P(x) \equiv 0}$ pois $P(\alpha) = 0$ para qualquer $\alpha \in C$.

c $\left.\begin{array}{l} P(x) = 2x - 6 \\ P(2) = -2 \end{array}\right\} \Rightarrow \mathbf{P}(x) \equiv -2$ pois $P(a) = 2, \forall\ a \in C$

44 Demonstre as seguintes identidades : (Observe o item (a))

a) $(a + b)^2 \equiv a^2 + 2ab + b^2, \forall\ a, b \in C$

demonstração: **1º membro** $= (a + b)^2 = (a + b).(a + b) = a^2 + ab + ba + b^2 = a^2 + 2ab + b^2 =$ **2º membro**

b) $1 + tg^2x \equiv sec^2x \ (x \in R |\ x \neq \frac{\pi}{2} + k.\pi, k \in Z)$

demonstração:

1º membro $= 1 + tg^2x =$

$= sec^2x =$ **2º membro**

Resp: 41 a) $P(2) = 4,\ P(-3) = 4,\ P(0) = 4,\ P(1+i) = 4$
b $P(2) = 0,\ P(-3) = 0,\ P(0) = 0,\ P(1+i) = 0$
c) $P(2) = -2,\ P(-3) = -12,\ P(0) = -6,\ P(1+i) = -4+2i$

2º tipo: "O problema pede uma expressão dada em função das raízes. Não pede as raízes e nem fornece informação complementar alguma."

233 **Enunciado**: "Calcular a soma dos quadrados das raízes da equação $x^3 - 7x^2 + 14x - 6 = 0$."

Resolução: "Chamando de **a,b, c** as três raízes da equação $\underset{a_0}{1x^3} - \underset{a_1}{7x^2} + \underset{a_2}{14x} - \underset{a_3}{6} = 0$

e aplicando as Relações de Girard, temos:

1) $a + b + c =$

2) $ab + ac + bc =$

3) $abc =$

O problema pede que calculemos o valor da expressão $\mathbf{E = a^2 + b^2 + c^2}$ e isso é possível mesmo sem determinarmos os valores das raízes.

Sugestão: eleve ao quadrado ambos os membros da 1ª Relação de Girard.

45 Demonstre as seguintes identidados :

Observação: quando não vier explicitado, o conjunto-universo da identidade será igual ao domínio de validade dela.

a) $\binom{n}{p-1}+\binom{n}{p}=\binom{n+1}{p}$ (Relação de Stifel no Triângulo de Pascal)

demonstração:

1º membro $=\binom{n}{p-1}+\binom{n}{p} = \dfrac{n!}{(p-1)!(n-p+1)}+\dfrac{n!}{p!\,(n-p)!}=$

$=$

$= \dfrac{(n+1!)}{(p!(n-p+1)!}=\binom{n+1}{p}=$ **2º membro**

b) $\dfrac{-19x+42}{(x^2+1)(x-4)} \equiv \dfrac{2x-11}{x^2+1}-\dfrac{2}{x-4}$

demonstração:

2º membro $= \dfrac{2x-11}{x^2+1}-\dfrac{2}{x-4}=$

$=$ **1º membro**

Resp: 42 a) grau = 0; não tem nenhuma raiz

b) não se define gau para o polinômio nulo ; ele tem infinitas raízes ($\forall\ \alpha \in C$ é raiz)

c) grau = 1 ; só tem uma raiz que é $\alpha = 3$

43 a) sim b) sim c) não

44 a) demonstração b) demonstração

Exercícios

1º tipo: "O problema pede as raízes da equação mas fornece uma **informação complementar.**"

232 **Enunciado**: "Determine as raízes da equação $x^3 - 3x^2 + 4 = 0$ sabendo que ela admite uma raiz dupla".

Resolução: chamamos as três raízes de **a, b, c** e damos "nomes" aos coeficientes de P (x).

$$\underset{a_0}{1x^3} - \underset{a_1}{3x^2} + \underset{a_2}{0x} + \underset{a_3}{4} = 0$$

Vamos aplicar as relações entre coeficientes e raízes (Girard) a esta equação de 3º grau:

1) $a + b + c = -\dfrac{a_1}{a_0} =$

2) $ab + ac + bc = \dfrac{a_2}{a_0} =$

3) $abc = -\dfrac{a_3}{a_0} =$

4)

"informação complementar"

Polinômio nulo ou polinômio identicamente nulo

1) **Definição**:

P(x) é identicamente nulo	$\Longleftrightarrow$	$P(\alpha) = 0$ $\forall\ \alpha \in C$

Indica-se **P(x) = 0** ou **P(x) ≡ 0**

2) **Teorema**: O polinômio $P(x) = a_0x^n + a_1x^{n-1} + ... + a_{n-1}x + a_n$ é identicamente nulo se, e somente se, $a_0 = a_1 = a_2 = ... = a_n = 0$.

Observações: 1ª) Não se define grau para o polinômio nulo.

2ª) O polinômio nulo tem infinitas raízes pois $P(\alpha) = 0$, $\forall\ \alpha \in C$.

3ª) O polinômio nulo não tem coeficiente dominante $a_0 \neq 0$ pois todos os seus coeficientes são nulos.

Igualdade ou Identidade de Polinômios

1) **Definição**:

$A(x) \equiv B(x)$	$\Longleftrightarrow$	$A(\alpha) = B(\alpha)$ $\forall\ \alpha \in C$

Indica-se **A(x) = B(x)** ou **A(x) ≡ B(x)**

2) **Teorema**: Os polinômios $A(x) = a_0x^n + a_1x^{n-1} + ... + a_{n-1}x + a_n$ e $B(x) = b_0x^n + b_1x^{n-1} + ... + b_{n-1}x + b_n$ são iguais (ou idênticos) se, e somente se, $\mathbf{a_0 = b_0, a_1 = b_1, a_2 = b_2, ..., a_n = b_n}$ (Está, então, implícito que A(x) e B(x) devem ter mesmo grau).

Observação: Estes dois teoremas serão demonstrados oportunamente.

Resp: 45 a) demonstração b) demonstração

c) **Para um polinômio de 4º grau**

$$a_0x^4 + a_1x^3 + a_2x^2 + a_3x + a_4 = a_0\,(x - \alpha_1)(x - \alpha_2)\,(x - \alpha_3)(x - \alpha_4)$$

Relações de Girard	1)	$S = \alpha_1 + \alpha_2 + \alpha_3 + \alpha_4 =$ ________	$(C_{4,1} = 4)$
	2)		$(C_{4,2} = 6)$
	3)		$(C_{4,3} = 4)$
	4)	$P = \alpha_1\alpha_2\alpha_3\alpha_4 =$ ________	$(C_{4,4} = 1)$

Observações:

1ª) O número de equações obtidas é sempre igual ao grau do polinômio **gr (P) = n** então há **n relações** entre coeficientes e raízes. A primeira relação é sempre, a soma das raízes e a última, o produto.

2ª) Trabalhando-se com essas **n equações não lineares** com **n incógnitas** conseguimos chegar numa equação com apenas uma incógnita mas que será idêntica à equação $P(x) = 0$ que havia no início do problema.

3ª) Devido ao que está dito na observação anterior, só devemos usar as Relações de Girard para resolver uma equação, quando o problema fornecer uma "informação complementar".

4ª) Lembre-se: $C_{n,p} = \binom{n}{p} \quad \dfrac{n!}{p!(n-p!)}$

5ª) Demonstra-se por Indução Finita que as Relações de Girard podem ser escritas para qualquer equação polinomial $P(x) = 0$ com grau $n \geq 1$.

Exercícios

46 Determine em cada caso, os valores dos parâmetros (a, b, c, d) de modo que o polinômio **P(x)** seja **identicamente nulo**:

Observação: quando o texto do problema não disser nada em contrário, o conjunto-universo será **C** portanto, neste caso, **a, b, c, d** $\in$ **C**.

a) $P(x) = ax^3 + bx^2 + cx + d$

b) $P(x) = (a - 1) x^3 + (b + 2) x + (c + 4) x^0$

c) $P(x) = (2a + b - 1) x^3 - (a + 2b - 5) x$

47 Determine em cada caso, os valores dos parâmetros (a, b, ...) de modo que o **polinômio P(x) seja nulo**:

a) $P(x) = (a - b - 3) x^2 - (3a + b - 1) x + (2a + 3b + 1) x^0$

b) $P(x) = (a + b + c) x^3 + (a - 2b - c + 4) x^2 + (2a - b + 3c + 7) x + b - 2$

Relações entre coeficientes e raízes de P (x)

(Relações de Girard)

a) **Para um polinômio do 2º grau**

$$\underbrace{a_0x^2 + a_1x + a_2}_{P(x)} = \underbrace{a_0(x - \alpha_1)(x - \alpha_2)}_{P(x)} \qquad (a_0 \in C^*)$$

1) $S = \alpha_1 + \alpha_2 =$ ________

2) $P = \alpha_1 \alpha_2 =$ ________

b) **Para um polinômio do 3º grau**

$$a_0x^3 + a_1x^2 + a_2x + a_3 = a_0(x - \alpha_1)(x - \alpha_2)(x - \alpha_3) \xleftarrow{:a_0 \neq 0}$$

$$x^3 + \frac{a_1}{a_0}x^2 + \frac{a_2}{a_0}x + \frac{a_3}{a_0} = x^3 - \underbrace{(\alpha_1 + \alpha_2 + \alpha_3)}_{C_{3,1=3}}x^2 + \underbrace{(\alpha_1\alpha_2 + \alpha_1\alpha_3 + \alpha_2\alpha_3)}_{C_{3,2=3}}x - \underbrace{\alpha_1\alpha_2\alpha_3}_{C_{3,3=1}}$$

$C_{3,1}$ = combinações simples das três raízes tomadas uma a uma.

1) $S = \alpha_1 + \alpha_2 + \alpha_3 = -\frac{a_1}{a_0}$ (raízes, individualmente)

2) $\alpha_1\alpha_2 + \alpha_1\alpha_3 + \alpha_2\alpha_3 = \frac{a_2}{a_0}$ (duplas de raízes)

3) $P = \alpha_1\alpha_2\alpha_3 = -\frac{a_3}{a_0}$ ("trios" de raízes)

Resp: 230 a) $a_0(x^3 - 6x^2 + 6x - 5) = 0 \quad (a_0 \in R^*)$ b) 3, 4, 5, 6 (n = 5)

231 $P(x) = x^4 - 1$, $S = \{1, i, -1, -i\}$

48 Determine em cada item, os valores dos parâmetros complexos (a, b, etc.) de modo que seja **nulo (ou identicamente nulo)** o polinômio **P(x)** dado:

a) $P(x) = (a^2 - 1)x^2 + (a^2 + 2a - 3)x + (a^2 - 3a + 2)x^0$

b) $P(x) = (a - b + c - 3)x^4 - (2a - b - 3c + 11)x^2 + 2b - a + 2c - 12$

49 Determine o polinômio $P(x) = ax^2 + bx + c$ que admite $\alpha_1 = 1$, $\alpha_2 = -1$ e $\alpha_3 = 0$ como raízes.

Resp: **46** a) (a, b, c, d) = (0, 0, 0, 0) b) (a, b, c) = (1, – 2, – 4) c) (a, b) = (– 1, 3)

47 a) impossível b) (a, b, c) = (– 1, 2, – 1)

230 (MAPOFEI - 69) a) Qual a equação do 3º grau, com coeficientes reais, que possui a raiz real 5 e a raiz complexa $\frac{1}{2}(1 + i\sqrt{3})$?

b) Determinar quatro inteiros consecutivos $(n - 2), (n - 1), n$ e $(n + 1)$, tais que o cubo do maior seja igual à soma dos cubos de cada um dos três outros?

231 (E.E. MAUÁ - 65) É dado o polinômio $P(x) = x^4 + Cx^2 + Dx + E$ com C, D, E números reais. Sabe-se que o número complexo $(0, 1)$ é raiz de $P(x) = 0$ e que dividindo-se $P(x)$ por $Q(x)$ obtem-se quociente $Q_1(x) = x^3 + 2x^2 + 4x + 8$ e por resto 15. Pede-se determinar $P(x)$ e as raízes de $P(x) = 0$.

Resp: 227 $P(x) = 2(x - 3)(x^2 - 4x + 13)$

228 $P(x) = -1(x - 2)(x^2 - 2x + 2)(x^2 + 4x + 5)$

229 $P(x) = -3(x - 1)^2(x^2 - 2x + 2)^2(x + 1)$

50 a) Lembrando que um polinômio de **grau n** ($n \in N$) admite **n e somente n** raízes complexas, determine **a, b, c, d** no polinômio $P(x) = ax^3 + bx^2 + cx + d$ sabendo que ele admite como raízes, os números complexos $\alpha_1 = 0$, $\alpha_2 = 1$, $\alpha_3 = -1$ e $\alpha_4 = 2$.

b) O que se pode inferir a partir do resultado obtido no item (a)

51 (FGV - 71) (Exatamente este mesmo teste foi repetido no exame vestibular da FGV em 1993)
Se m e n são tais que o polinômio $P(x) = (mn - 2)x^3 + (m^2 - n^2 - 3)x^2 + (m + n - 3)x + 2m - 5n + 1$ é identicamente nulo, então, $\mathbf{m^2 + n^2}$ vale:

a) 1 b) 5 c) 4 d) 2 e) n.d.a.

Resp: **48** a) $a = 1$ b) $(a, b, c) = (2, 3, 4)$

49 $(a, b, c) = (0, 0, 0)$, ou seja, $P(x) \equiv 0$ (polinômio nulo). Note que o polinômio nulo admite infinitas raízes pois $P(\alpha) = 0$ para $\forall \alpha \in C$. Se **a** fosse diferente de zero, P(x) seria do 2º grau e, nesse caso, admitiria duas e somente duas raízes complexas.

[227] Formar o polinômio $P(x)$ **com grau mínimo** e **coeficientes reais** tal que $P(3) = 0$, $P(2 + 3i) = 0$ e $P(1) = -40$.

[228] Escrever o polinômio $P(x)$ com grau mínimo e de coeficiente reais tal que $P(2) = P(1 + i) = P(i - 2) = 0$ e $P(0) = 20$.

[229] Determinar o polinômio $P(x)$ de coeficientes reais e com grau mínimo tal que admite $\alpha = 1 - i$ e $\alpha = 1$ como raízes duplas, sabendo-se que $P(-1) = 0$ e $P(2) = -36$.

Resp: [225] $S = \{-2 \pm i, 1 \pm 2i\}$

[226] $\alpha_1 = \alpha_2 = 1 - i, \alpha_3 = \alpha_4 = 1 + i, \alpha_5 = -\frac{2}{3} \Rightarrow S = \{1 \pm i, -\frac{2}{3}\}$

52 (U.F.BA - 81) O polinômio $P(x) = (C_{m,2} - 1)x^2 + (A_{n,m} - 20)x + (p-8)! - 2$ é identicamente nulo se **m n p** vale:

a) 10 b) 20 c) 50 d) 80 e) 100

Observação: $\mathbf{C_{m,2}}$ = combinações simples de **m** elememtos **2 a 2**. $\mathbf{A_{n,m}}$ = arranjos simples.

53 (PUC. MG - 92) Se o polinômio $P(x) = (2m + 3n - p)x^2 + (m + 2n - 5p)x + (p - 2)$ é identicamente nulo, a soma **m + n + p** é igual a:

a) – 3 b) – 6 c) 8 d) 5 e) 0

Resp: 50 a) (a, b,c, d) = (0, 0, 0, 0) e, então, P(x) ≡ 0 (P (x) é o polinômio nulo).

b) Se u m polinômio $P(x) = a_0x^n + a_1x^{n-1} + ... + a_{n-1}x + a_n$ $(n \in N)$ admite mais que **n** raízes distintas então necessariamente, $a_0 = a_1 = a_2 = ... = a_n = 0$, isto é, $P(x) \equiv 0$ e, neste caso, P(x) tem infinitas raízes: $P(\alpha) = 0, \ \forall \alpha \in C$.

51 B

225 Resolver a equação $x^4 + 2x^3 + 2x^2 + 10x + 25 = 0$ sabendo que admite $\boldsymbol{\alpha = i - 2}$ como raiz.

226 Resolver a equação $3x^5 - 10x^4 + 16x^3 - 8x^2 - 4x + 8 = 0$ sabendo que admite $\boldsymbol{\alpha = 1 - i}$ como raiz dupla.

Resp: 223 $S = \{1 \pm i\sqrt{3}, \frac{3}{4}, -2\}$

224 $\alpha_1 = \alpha_2 = i, \alpha_3 = \alpha_4 = -i, \alpha_5 = \alpha_6 = -1 \Rightarrow S = \{i, -i, -1\}$

54 Determine os valores dos parâmetros **(a, b, c, etc.)** de modo que sejam iguais (ou idênticos) os polinômios A(x) e B(x) dados em cada item:

a) $A(x) = ax^4 + bx^3 + cx^2 + dx + ex^0$

$B(x) = 2x^3 + x - 6x^0$

b) $A(x) = (a + b)\,x + (a + b - 1)\,x^0$

$B(x) = (a - 2b - 13)\,x^2 + (6 - a)\,x$

c) $$\overbrace{4x^2 - 10}^{A(x)} \equiv \overbrace{a(x-1)(x+1) + b(x-1)(x-2) - c\,(x+1)(x-2)}^{B(x)}$$

Resp: **52** E **53** B

Exercícios

223 Resolver a equação $4x^4 - 3x^3 + 32x - 24 = 0$ sabendo que admite $1 + i\sqrt{3}$ com raiz.

224 Resolver equação $x^6 + 2x^5 + 3x^4 + 4x^3 + 3x^2 + 2x + 1 = 0$ sabendo que admite $\boldsymbol{\alpha = -i}$ como raiz dupla.

55 Determine os valores dos parâmetros (a, b,....) de modo que se verifiquem as seguintes identidades de polinômios:

a) $(a^2 + b^2) x^4 + (a - b) x^2 - ab \equiv 5x^4 - 3x^2 + 2$

b) $6x^3 + 5x^2 - 8x + 5 \equiv (a + b + c) x^3 + (a - b + 2c) x^2 + (a - 3c) x + 2a + 3b - c$

56 (PUC/SP - 72) Os valores de (**m, n, p**) para que a expressão $\dfrac{(m - 1)x^3 + (n - 2)x^2 + (p - 3) x + 8}{2x^2 + 3x + 4}$ seja **independente de x** são:

a) (1, 5, 2) b) (1, 6, 9) c) (1, 5, 4) d) (1, 4, 6) e) (1, 2, 6)

Resp: 54 a) $(a, b, c, d, e) = (0, 2, 0, 1, -6)$ b) $(a, b) = (5, -4)$ c) $(a, b, c) = (2, -1, -3)$

Teorema das raízes complexas não reais

Enunciado: "Se um polinômio de **coeficientes reais** admite o número complexo $\boldsymbol{\alpha = a + bi}$ $(a, b \in R$ e $b \neq 0)$ como raiz então também admite como raiz o seu conjugado $\boldsymbol{\bar{\alpha} = a - bi}$ e ambas com mesma multiplicidade."

Observações:

1ª) Este teorema só é válido quando todos os coeficientes do polinômio $P(x)$ forem reais..

2ª) Ele trata de números complexos da forma $a + bi$ com $\boldsymbol{a, b \in R}$ e $\boldsymbol{b \neq 0}$, isto é, números complexos que não são reais.

3ª) Note que se $P(x) = a_0x^n + a_1x^{n-1} + ... + a_n$ tem coeficientes reais então o teorema acima **é válido para ambas as equações abaixo**:

$$a_0x^n + a_1x^{n-1} + ... + a_{n-1}x + a_n = 0 \quad \text{e}$$
$$ka_0x^n + ka_1x^{n-1} + ... + k \cdot a_{n-1}x + k \cdot a_n = 0 \ , \ k \in C^* \ .$$

4ª) É importante perceber-se que, num polinômio de coeficientes reais, o número de raízes complexas não reais (se houver) será sempre par: 0, 2, 4, 6, etc. .Como conseqüência disto, um polinômio de coeficientes reais e grau ímpar terá pelo menos uma raiz real.

Resp: 220 a) $\pm (1 + i)$
b) $S = (1 + 2i, 2 + 3i)$
222 $(m, n) = (5, -10)$

221 $\alpha_1 = \alpha_2 = 2$, $\alpha_3 = 2i$, $\alpha_4 = -2i$
$S = \{2, \pm 2i\}$

57 (FUVEST - 85) Um polinômio $\mathbf{P(x) = x^3 + ax^2 + bx + c}$ satisfaz às seguintes condições: $\mathbf{P(1) = 0}$ e $\mathbf{P(-x) + P(x) = 0}$, qualquer que seja x real. Qual o valor de $P(2)$?

a) 2 b) 3 c) 4 d) 5 e) 6

58 (U.C.MG - 82) O valor de **a + b** para que sejam idênticos os polinômios

$$P_1(x) = \begin{vmatrix} x & b & a \\ 2 & bx^2 & x \\ 1 & 1 & 1 \end{vmatrix} \text{ e } P_2(x) = x^3 - 4x^2 + x + 4 \text{ é :}$$

a) 0 b) 1 c) 2 d) 3 e) 4

Resp: 55 a) $(a, b) = (-1, 2)$ ou $(a,b) = (-2, 1)$ b) $(a, b, c) = (1, 2, 3)$

56 B

220 (MAPOFEI - 71) a) Calcular as raízes quadradas do número complexo $2i$.
b) Determinar as raízes de equação $z^2 - (3 + 5i)z - 4 + 7i = 0$.

221 (ITA - 62) Resolver a equação $x^4 - 4x^3 + 8x^2 - 16x + 16 = 0$ sabendo-se que 2 é raiz dupla da mesma.

222 (MAPOFEI - 76) Se, na equação $x^3 - 75x + 250 = 0$, **m** é raiz dupla e $\mathbf{n = -2m}$ é a outra raiz, achar **m** e **n** .

Resp: **218** $P(x) = -1(x-1)(x+2)(x-5)$
ou
$P(x) = (1-x)(x+2)(x-5)$

219 As outras raízes são $2, -2, 3$ e -3 $S = \{1, \pm 2, \pm 3\}$

59 Determine **A, B, C** de modo que se verifiquem as seguintes identidades (igualdades verdadeiras para qualquer $x \in C$ excluídos aqueles que anulam algum denominador):

a) $\dfrac{-19x+42}{(x^2+1)(x-4)} \equiv \dfrac{Ax+B}{x^2+1} + \dfrac{C}{x-4}$

b) $\dfrac{2x^2+3x-3}{x^3-x^2-x+1} \equiv \dfrac{A}{(x-1)^2} + \dfrac{B}{x-1} + \dfrac{C}{x+1}$

60 (ITA - 77) Se $\dfrac{6-5x}{x^3-5x^2+6x} \equiv \dfrac{A}{x-a} + \dfrac{B}{x-b} + \dfrac{C}{x-c}$ onde **A, B e C** são reais e **a, b, c** são raízes da equação $x^3 - 5x^2 + 6x = 0$, então (A, B, C) é igual a:

a) (– 2, – 1, 0) b) (2, 4, 1) c) (1, – 3, 2) d) (5, 2, 1) e) n.d.a.

Resp: 57 E 58 E

218 (MACK - 72) Decompor o polinômio $-x^3 + 4x^2 + 7x - 10$ em um produto de fatores do 1º grau.
Dica: lembre-se de que $P(1) = a_0 + a_1 + a_2 + \dots + a_n$ = soma dos coeficientes de $P(x)$.

219 (FEI - 67) O polinômio $P(x) = x^5 - x^4 - 13x^3 + 13x^2 + 36x - 36$ é tal que $P(1) = 0$ .Quais os outros valores de **x** que o anulam?

Resp: 215 $\alpha_1 = 2$, $\alpha_2 = -1$, $\alpha_3 = 3$
$S = \{2, -1, 3\}$

216 $\alpha_1 = 1$, $\alpha_2 = -2$, $\alpha_3 = 1 + 2i$
$\alpha_4 = 1 - 2i$
$S = \{1, -2, 1 \pm 2i\}$

217 $\alpha_1 = \alpha_2 = -1$ (raiz dupla), $\alpha_3 = \frac{2}{3}$, $\alpha_4 = -\frac{1}{2}$

$S = \{-1, \frac{2}{3}, -\frac{1}{2}\}$

Somas notáveis

1) S_1 = soma dos **n** primeiros números naturais positivos (excluído, portanto, o zero).

$$\mathbf{S_1 = \sum_{i=1}^{n} i = 1 + 2 + 3 + ... + n}$$

2) S_2 = soma dos **quadrados dos n** primeiros números naturais positivos

$$\mathbf{S_2 = \sum_{i=1}^{n} i^2 = 1^2 + 2^2 + 3^2 + ... + n^2}$$

3) S_3 = soma dos **cubos dos n** primeiros números naturais positivos.

$$\mathbf{S_3 = \sum_{i=1}^{n} i^3 = 1^3 + 2^3 + 3^3 + .. + n^3}$$

Exercícios:

61 a) Determine o polinômio **P(x) do 2º grau** que verifica a identidade $\mathbf{P(x) - P(x-1) \equiv x}$.

b) Usando o resultado do item (a), calcule a soma dos **n** primeiros números naturais positivos.

Resp: 59 a) $(A, B, C) = (2, -11, -2)$ b) $(A, B, C) = (1, 3, -1)$

60 E (Observação: cuidado pois a A, B, C correspondem, respectivamente, a, b, c; a resposta correta é $(A, B, C) = (1, -3, 2)$ e $(a, b, c) = (0, 3, 2)$)

215 Resolver a equação $x^3 - 4x^2 + x + 6 = 0$ sabendo que $\alpha = 2$ é uma de suas raízes.

216 Resolver a equação $x^4 - x^3 + x^2 + 9x - 10 = 0$ sabendo que admite -2 e 1 como raízes.

217 Resolver a equação $6x^4 + 11x^3 + 2x^2 - 5x - 2 = 0$ sabendo que admite $\alpha = -1$ como raiz dupla.

Resp: 212 $(m, n) = (1, 2)$ 213 $P(x) = -4x^3 + 12x^2 - 8x$

214 $k(x + 1)(x - 2)(x - 3) = 0$ $(\forall k \in C^*)$

62 (MACK - 71) a) Determine o polinômio **P(x) do 3º grau** que admite **$\alpha = 0$ como raiz** e que satisfaz à identidade **$P(x) - P(x-1) \equiv x^2$**.

b) Determine $S_2 = 1^2 + 2^2 + 3^2 + \ldots + n^2$ usando o resultado do item (a).

63 a) Determine o polinômio **P(x) do 4º grau** que satisfaz à identidade **$P(x) - P(x-1) \equiv x^3$**.

b) Usando o resultado do item (a) determine a **soma dos cubos dos** n primeiros números naturais não nulos.

Resp: 61 a) $P(x) = \frac{1}{2}x^2 + \frac{1}{2}x + c, \forall c \in C$ b) $S_1 = \frac{n^2}{2} + \frac{n}{2} = \frac{n(n+1)}{2}$

[212] Determine $\mathbf{m}, \mathbf{n} \in \mathbf{R}$ de modo que $\mathbf{1+i}$ seja raiz da equação $x^4 + x^3 + (m-3)x^2 + nx + 4 = 0$.

[213] (MAPOFEI - 74) Determinar **o polinômio** $P(x)$ do 3º grau cujas raízes são $0, 1$ e 2 , sabendo-se que $P\left(\frac{1}{2}\right) = -\frac{3}{2}$.

[214] Determinar **uma equação** do 3º grau que admita $-1, 2$ e 3 como raízes.

Resp: [210] a) impossível
b) impossível

[211] a) Sim b) $\alpha = 0$ é raiz de multiplicidade $m = 46$ dessa equação

64 a) Determine **A, B** tais que $\dfrac{1}{x(x+1)} \equiv \dfrac{A}{x} + \dfrac{B}{x+1}$

b) Usando o resultado do item (a) calcule o valor da soma $\dfrac{1}{1.2} + \dfrac{1}{2.3} + \dfrac{1}{3.4} + \ldots + \dfrac{1}{n(n+1)}$

65 (ITA - 83) Determine o polinômio P do 3° grau que apresenta uma raiz nula e satisfaz à condição $\mathbf{P(x-1) = P(x) + (2x)^2}$ para **todo x real**. Com o auxílio desta condição, podemos calcular o valor da soma $2^2 + 4^2 + 6^2 + \ldots + (2n)^2$, $n \in N$ que é igual a:

a) $\dfrac{4}{3}n^3 - 2n^2 - \dfrac{2}{3}n$

b) $\dfrac{4}{3}n^3 + 2n^2 + \dfrac{2}{3}n$

c) $\dfrac{4}{3}n^3 - 2n^2 + \dfrac{2}{3}n$

d) $4n^3 + 2n^2 + n$

e) $n^3 + n^2 + 2n$

Resp: **62** a) $P(x) = \dfrac{1}{3}x^3 + \dfrac{1}{2}x^2 + \dfrac{1}{6}x$ b) $S_2 = \dfrac{n(n+1)(2n+1)}{6}$

63 a) $P(x) = \dfrac{1}{4}x^4 + \dfrac{1}{2}x^3 + \dfrac{1}{4}x^2 + e, \forall\, e \in C$ b) $S_3 = \left[\dfrac{n(n+1)}{2}\right]^2$

210 Determine, em cada item, o valor do parâmetro **a** de modo que o polinômio P (x) admita raiz nula ($\alpha = 0$) com multiplicidade 2:

a) $P(x) = x^5 + 2x^4 + 3x^3 + (a - 1)x + a^2 - 1$

b) $P(x) = x^3 - x^2 - (a + 2)x + (a - 3)x^0$

211 (POLI - 68) a) O número **0 (zero)** é raiz da equação

$x^{180} + (\text{sen}1^\circ + \cos 1^\circ)x^{179} + (\text{sen}1^\circ + \cos 1^\circ)(\text{sen}2^\circ + \cos 2^\circ)x^{178} + \ldots + (\text{sen}1^\circ + \cos 1^\circ)(\text{sen}2^\circ + \cos 2^\circ) \ldots (\text{sen}180^\circ + \cos 180^\circ) = 0$?

b) Em caso afirmativo, com que multiplicidade?

Resp: 207 b) $\alpha = 0$ não é raiz de P (x)
c) m = 1 ($\alpha = 0$ é raiz simples)
d) m = 6

208 $a = -1$

209 $(a, b) = (2, 1)$

Exercícios Gerais

66 (U.F.MG - 92) Para que os polinômios $\mathbf{P(x) = (a^2 + b^2 - 109)\,x^3 + 7x^2 + cx}$ e $\mathbf{Q(x) = (a - b)\,x^2 + 9x}$ sejam idênticos, o produto **abc** deve ser igual a:

a) -540 b) -270 c) $9\sqrt{109}$ d) 270 e) 540

67 (U.C. CE - 91) Se $\mathbf{2x + 5 \equiv (x + m)^2 - (x - n)^2}$ então $\mathbf{m^3 - n^3}$ é igual a:

a) 19 b) 28 c) 35 d) 37 e) n.d.a.

Resp: 64 a) $(A, B) = (1 - 1)$ b) $\dfrac{n}{n+1}$ 65 B

207 b) $x^3 + x^2 - 3x + 4 = 0$

c) $x^4 + x^2 - 2x = 0$

d) $x^{11} + x^8 - x^6 = 0$

208 Determine **a** $\in$ **C** de modo que o polinômio $P(x) = 5x^3 - x^2 + (a - 1)x + (a^2 - 1)$ admita $\boldsymbol{\alpha = 0}$ como **raiz simples** (multiplicidade **m = 1**).

209 Determine **a, b** $\in$ **C** de modo que o polinômio $P(x) = 2x^4 + x^3 + (a - b)x^2 + (a - 2b)x - 3a + 6$ admita **raiz nula** ($\alpha = 0$) **dupla** ($m = 2$) .

Resp: 206 b) $\alpha = 1$ não é raiz de $P(x)$
c) $m = 3$
d) $m = 1$

207 a) $m = 3$ ($\alpha = 0$ é raiz tripla de $P(x)$)

68 Lembrando que $Sn = \dfrac{a_1(1-q^n)}{1-q}$ é a fórmula da soma dos n primeiros termos de uma progressão geométrica (P.G), calcule a soma $S = 1 + x + x^2 + x^3 + x^4$ $(\forall\, x \in C \mid x \neq 1)$

69 Sendo $\mathbf{P(x) = x^4 + x^3 + x^2 + x + 1}$, mostre que os números complexos $\boldsymbol{\alpha_1 = \cos 72^\circ + i\ \text{sen}\ 72^\circ}$ e $\boldsymbol{\alpha_2 = \cos 288^\circ + i\ \text{sen}\ 288^\circ}$ são raízes de P(x).

Dica: use o resultado do exercício anterior.

70 Sendo **a, b, c** $\in$ **C**, números distintos dois a dois tais que $\begin{cases} a^3 + pa + q = 0 \\ b^3 + pb + q = 0 \\ c^3 + pc + q = 0 \end{cases}$

p e q complexos , mostre que $\mathbf{a + b + c = 0}$.

Sugestão: iguale o polinômio $P(x) = x^3 + px + q$ à sua forma fatorada.

Resp: 66 D 67 C

206 b) $x^3 - 3x - 2 = 0$

c) $2x^4 - 3x^3 - 3x^2 + 7x - 3 = 0$

d) $x^3 - 2x^2 - x + 2 = 0$

207 Lembre-se: na divisão de P (x) por d (x) = x (ou d (x) = x − 0) usando-se o dispositivo de Briot-Ruffini, coloca-se 0 (zero) na posição reservada para o "representante do divisor". Nessas condições, determine em cada caso a multiplicidade **m** da raiz **$\alpha = 0$** nas **equações P (x) = 0** dadas:

a) $x^5 + 5x^4 + 6x^3 = 0$

Resp: 205 d) $\alpha_1 = 2$, $\alpha_2 = -3$, $\alpha_3 = i$
S = {2, −3, i}
gr (P) = 3

e) $\alpha_1 = \alpha_2 = 3$ (raiz dupla)
$\alpha_3 = \alpha_4 = \alpha_5 = -1$ (raiz tripla)
$\alpha_6 = -1 - i$ (raiz simples)
S = { 3, −1, −1 − i }
gr (P) = 6

f) $\alpha_1 = 4$, $\alpha_2 = -3$
S = { 4, −3 }
gr (P) = 2

g) $\alpha_1 = 1 + i$, $\alpha_2 = 1 - i$
S = { 1 ± i}
gr (P) = 2

h) $\alpha_1 = 1$, $\alpha_2 = 2$, $\alpha_3 = 3$
S = {1, 2, 3 }
gr (P) = 3

206 a) m = 2

71 Dada a matriz quadrada de ordem 2 , $A=\begin{bmatrix}1 & m\\0 & 1\end{bmatrix}$, $m \in R$, calcule:

a) $A^2 = A \cdot A =$

b) $A^3 = A^2 \cdot A =$

c) $A^4 = A^3 \cdot A =$

d) $A^5 =$

e) $A^n =$ ($n \in N$)

72 (ITA - 78) Dados o polinômio $P(x) = x^n + x^{n-1} + \ldots + x^3 + x^2 + x$ e a matriz **A** do exercício anterior, seja $P(A) = [a_{ij}]$, matriz quadrada de ordem 2. Nessas condições, determine os elementos $\mathbf{a_{12}}$ e $\mathbf{a_{22}}$ da matriz P(A).

Resp: 68 $S = \dfrac{1-x^5}{1-x}$ 69 Demonstração 70 Demonstração

205 d) $k \cdot (x - 2)(x + 3)(x - i) = 0 \quad (k \in C^*)$

e) $(x - 3)^2 \cdot (x + 1)^3 (x + 1 + i) = 0$

f) $3x^2 - 3x - 36 = 0$ (fatore $P(x)$)

g) $k \cdot (x^2 - 2x + 2) = 0 \quad (k \in C^*)$ (use a fórmula de Báskara)

h) $x^3 - 6x^2 + 11x - 6 = 0$ (desmembre e a seguir fatore $\underbrace{x^3 - x^2}\, \underbrace{- 5x^2 + 5x}\, \underbrace{+ 6x - 6} = 0$ como está sugerido)

206 Observe: Se $\alpha \in C$ é raiz de multiplicidade m da equação $P(x) = 0$ então $P(x) = (x - \alpha)^m \cdot Q(x)$ e $Q(\alpha) \neq 0$. Decorre disso que $P(x)$ é divisível por $(x - \alpha)^m$ ou seja $P(x)$ é divisível por $(x - \alpha)$ m vezes em seguida (divisão "em escada") e **não é divisível por $(x - \alpha)$ na $(m + 1)$-ésima vez.**

Assim sendo, determine a multiplicidade da raiz $\alpha = 1$ nas equações dadas (utilize o dispositivo de Briot - Ruffini para divisões sucessivas)

a) $x^4 - x^3 - x + 1 = 0$

Resp: 205 a) $\alpha_1 = -\frac{2}{3}$, $S = \{-\frac{2}{3}\}$, $gr(P) = 1$

b) $\alpha_1 = 2i$, $\alpha_2 = -2i$, $S = \{\pm 2i\}$, $gr(P) = 2$

c) $\alpha_1 = 2i$, $\alpha_2 = -2i$, $S = \{\pm 2i\}$, $gr(P) = 2$

73 (Vunesp - 90) Sabe-se que a soma dos **n** primeiros termos da sucessão $a_k = k(k+1)$, $k = 1, 2, 3 \ldots$ é um **polinômio em n de grau 3** . Esse polinômio é:

a) $\frac{n^3}{3} - \frac{n}{3}$ b) $\frac{n^3 + 3n^2 + 2n}{3}$ c) $\frac{n^3 - 3n^2 + 2n}{3}$ d) $3n^3 - n$ e) n^3

74 (U.F.RS - 82) Se $\mathbf{p(x) = x^{\alpha} - 3x^{\frac{a+1}{2}} + 2x^{\alpha-2} + 1}$ é um polinômio, então o **valor mínimo de α** é:

a) 1 b) 2 c) 3 d) 4 e) 5

Resp: 71 a) $A^2 = \begin{bmatrix} 1 & 2m \\ 0 & 1 \end{bmatrix}$ b) $A^3 = \begin{bmatrix} 1 & 3m \\ 0 & 1 \end{bmatrix}$ c) $A^4 = \begin{bmatrix} 1 & 4m \\ 0 & 1 \end{bmatrix}$ d) $A^5 = \begin{bmatrix} 1 & 5m \\ 0 & 1 \end{bmatrix}$ e) $A^n = \begin{bmatrix} 1 & nm \\ 0 & 1 \end{bmatrix}$

72 $a_{12} = \frac{mn(1+n)}{2}$ e $a_{22} = n$

Multiplicidade de uma raiz ($m \in N^*$)

Definição: Dado um polinômio $P(x)$ com grau $n \geq 1$, dizemos que $\boldsymbol{\alpha \in C}$ **é raiz com multiplicidade** $\mathbf{m\ (m \geq 1)}$ da equação $P(x) = 0$ se, e somente se, $\mathbf{P(x) = (x - \alpha)^m \cdot Q(x)}$ **e** $\mathbf{Q(\alpha) \neq 0}$.

Observações:

1ª) Quando $\mathbf{m = 1}$ diremos que α é raiz de multiplicidade um ou **raiz simples** (α é raiz uma e somente uma vez).

2ª) Quando $\mathbf{m = 2}$ diremos que α é raiz de multiplicidade dois ou **raiz dupla** (α é raiz duas e só duas vezes).

3ª) Analogamente teremos raízes triplas, raízes quádruplas ou, genericamente, raízes com **multiplicidade m** (estas são raízes exatamente **m vezes**).

Exercícios

205 Resolva as seguintes equações algébricas $\mathbf{P(x) = 0}$ no conjunto C dos números complexos (isto é, determine todas as raízes dessas equações). Determine, também, em cada caso, o grau do polinômio $P(x)$.

a) $3x + 2 = 0$

b) $2x^2 + 8 = 0$

c) $\underbrace{x^2 + 4}_{P(x)} = 0$ (sugestão: fatore $P(x)$ lembrando que $x^2 + 4 = x^2 - 4i^2$)

75 (CESGRANRIO - 80) O polinômio $\mathbf{P(x) = a_0x^3 + a_1x^2 + a_2x + a_3}$ se anula para 4 valores distintos de **x**. Podemos concluir que:

a) $a_0 + a_1 + a_2 + a_3 = 1$
b) $a_0\ a_1\ a_2\ a_3 = 4$
c) $a_0 < a_1 < a_2 < a_3$
d) $a_0 > a_1 > a_2 > a_3$
e) $a_0 = a_1 = a_2 = a_3$

76 (PUC-SP-79) O polinômio na indeterminada **x**, dado por $\mathbf{f = (2a^2 + a - 3)x^3 + (a^2 - 1)x^2 + (a + 1)x - 3}$, **a** $\in$ **R**, tem grau:

a) 3 para todo $a \in R$
b) 2 se $a = 1$
c) 3 se $a \neq -\frac{3}{2}$
d) 1 se $a = 1$
e) 0 para todo $a \in R$

Resp: 73 B 74 C

Equações Algébricas (Polinomiais)

Definição: "Chama-se **equação algébrica** (ou equação polinomial) a toda equação redutível à forma $\underbrace{a_0x^n + a_1x^{n-1} + a_2x^{n-2} + \ldots + a_{n-1}x + a_n}$ 0."

Observações:

1ª) $a_0, a_1, a_2, \ldots, a_n$ e a variável **x** são definidos em C (números complexos) a não ser que o enunciado diga algo em contrário.

2ª) O Teorema Fundamental da Álgebra, cujo enunciado está abaixo, nos permite demonstrar o Teorema da Decomposição (já estudado neste livro).

$$\mathbf{P(x) = a_0 (x - \alpha_1)(x - \alpha_2)(x - \alpha_3) \cdot \ldots \cdot (x - \alpha_n)}$$

onde $a_0 \in C^*$ e $\alpha_1, \alpha_2, \alpha_3, \ldots, \alpha_n$ são as n raízes da equação $P(x) = 0$. Essas n raízes podem ser distintas duas a duas ou não (raízes múltiplas).

3ª) Se $P(x) \equiv 0$ (polinômio nulo) a **equação** $\mathbf{P(x) = 0}$ terá infinitas raízes: $\mathbf{S = C}$.

4ª) Se $P(x) = k$, $k \equiv C^*$ (polinômio com grau zero) a **equação** $\mathbf{P(x) = 0}$ não terá raiz alguma: $S = \varnothing$.

Teorema Fundamental da Álgebra: "Toda equação algébrica com grau $n \geq 1$ admite pelo menos uma raiz complexa (real ou não)."

Observação: Segundo os especialistas em História da Matemática, este Teorema foi demonstrado pela primeira vez (de forma rigorosamente correta) pelo matemático **Carl Friedrich Gauss** (1777 - 1855) em 1799.

Resp: 203 A 204 D

77 (U. MACK - 77) O valor de $\frac{1}{1.3} + \frac{1}{3.5} + \frac{1}{5.7} + \frac{1}{7.9} + \ldots \frac{1}{(2n-1)(2n+1)}$ para **n** tendendo ao infinito é:

a) 1   b) – 1   c) $\frac{1}{2}$ d) 2   e) não sei

Sugestão: Determine duas constantes **A** e **B** tais que $\frac{1}{(2n-1)(2n+1)} = \frac{A}{2n-1} + \frac{B}{2n+1}$

78 (PUC - SP - 76) Os valores de A e B tais que $\frac{1 \quad x}{x - x^2} = \frac{A}{x} + \frac{B}{1 - x}$, são respectivamente:

a) 2 e 1   b) 3 e 2   c) 1 e 2   d) 2 e 3   e) 1 e 3

Resp: 75 E   76 D

203 (ITA - 67) Um polinômio $P(x)$ tem a propriedade $P(x) = P(-x-1)$. Definindo um novo polinômio $Q(x) = P(f(x))$, obteremos $Q(x) = Q(-x)$ quando $f(x)$ for igual a:

a) $x - \frac{1}{2}$ b) $x + \frac{1}{2}$ c) $-x-1$ d) $x-1$ e) $-x+1$

204 (ITA - 68) Suponhamos que os polinômios $P(x)$, $Q(x)$, $p(x)$ e $q(x)$ satisfazem as seguintes condições:

$P(x) \cdot p(x) + Q(x) \cdot q(x) = 1$ para todo x complexo
$P(p(1)) = 0$, $Q(0) = 0$

Assinale a afirmação correta:

a) $P(x)$ é divisível por $S(x) = x$
b) $P(x)$ e $Q(x)$ não são primos entre si
c) $Q(p(1)) = 0$
d) $p(x)$ não é divisível por $R(x) = x - 1$
e) $p(0) = 0$

Resp: 200 B 201 E 202 B

79 (CESCEA - 75) Sabendo que **a, b** e **c** são tais que $x^2 - 2x + 1 = a(x^2 + x + 1) + (bx + c)(x + 1)$ é uma identidade, o valor de $\mathbf{a + b + c}$ é:

a) 4 b) - 6 c) 10 d) - 2 e) 8

80 (U.MACK - 73) $\mathbf{p(x) = a_n x^n + a_{n-1} x^{n-1} + \ldots\ldots + a_1 x + a_0}$ é um polinômio e $\mathbf{a_n + a_{n-1} + \ldots + a_1 + a_0}$ é a soma dos coeficientes do polinômio p(x) . A soma dos coeficientes do polinômio $(4x^3 - 2x^2 - 2x - 1)^{36}$ é:

a) 0 b) – 36 c) 1 d) – 1
e) impossível de calcular no tempo disponível

Resp: 77 C 78 C

200 (FEI - 66) O polinômio $x^4 + 4$ é divisível por:

a) $x^2 + 2$ b) $x^2 - 2x + 2$ c) $x^2 - 4$ d) $x + 1$ e) nenhuma das anteriores

201 (FEI - 68) O polinômio $(x + 1)^4 + x^4 - 2x - 1$ é divisível por:

a) x^2 b) $x(x + 1)^2$ c) $(x + 1)^2$ d) $x(x + 1)(2x + 1)$ e) nenhuma das anteriores

202 (CESCEA - 72) Dividindo-se o polinômio $x^6 - 2x^5 - 4x^4 + 3x^3 - 3x^2 + 11x - 6$ por $(x - 1)(x + 2)(x - 3)$ obtém-se um polinômio $Q(x)$ cujo valor no ponto $x = -1$ é:

a) -1 b) -3 c) 24 d) 3 e) não sei

Resp: **197** a) Demonstração b) Demostração c) $R(x) = P(a)$
198 A **199** D

81 (CESCEA - 73) Determine **a** e **b** de modo que a expressão $\dfrac{3x^2 + 5x - 8}{ax^2 - 10x + b}$ **não dependa de x**.

Então **a + b** é igual a:

a) –10 b) 10 c) 8 d) não sei

82 (FGV - 72) Para que o binômio $\mathbf{2x^2 + 17}$ seja idêntico à expressão $\mathbf{(x^2 + b)^2 - (x^2 - a^2)(x^2 + a^2)}$, com $a > 0$ e $b > 0$, devemos ter para $\mathbf{a - b}$ o valor:

a) 1 b) –3 c) –1 d) 3 e) n.d.a.

Resp: 79 D 80 C

197 (MAPOFEI - 70) Dado um polinômio $P(x)$, de grau $n \geq 1$.
a) Demonstrar que $P(a) = 0$, então $P(x)$ é divisível por $x - a$.
b) Demonstrar unicidade do resto da divisão de $P(x)$ por $x - a$.
c) Em termos de $P(a)$, qual o resto dessa divisão?

198 (FEI - 65) O polinômio $P(x) = 2x^3 + ax^2 + bx - 2$ é divisível por $x + 2$ e por $2x - 1$. Os valores de **a** e **b** são:

a) 5 e 1 b) 1 e 1 c) 0 e 1 d) 0 e 0 e) nenhuma das anteriores

199 (CESCEM - 70) Se $P(x)$ é um polinômio divisível por $(x - a)$ e por $(x - b)$ podemos concluir que $(x - a)(x - b)$ divide $P(x)$:

a) sempre
b) desde que $P'(a) = P'(b) = 0$
c) desde que $P(a + b) = P(ab) = 0$
d) desde que $a \neq b$
e) nenhuma das anteriores

Resp: 195 $P(x) = x^3 + x^2 - 4x + 2$ 196 $R(z) = mz + n$ onde $m = \frac{[A(-i) - A(i)]i}{2}$ e $n = \frac{A(i) + A(-i)}{2}$

83 (FGV - 71) Simplificando-se a expressão $\dfrac{x^3 + x^2 - x - 1}{x^2 - 1} + \dfrac{x^3 + 8}{(x+1)(x+2)}$, obtém-se:

a) $\dfrac{2x^5 + 4x^2 - 3x + 9}{(x+1)^2(x-1)(x+2)}$

b) $\dfrac{x^4 + 2x^2 - 3x \quad 1}{(x-1)(x+1)(x+2)}$

c) $\dfrac{2x^2 + x + 2}{x + 1}$

d) $\dfrac{x - 1}{x + 2}$

e) $\dfrac{2x^2 + 5}{x + 1}$

84 (ITA - 94) A identidade $\dfrac{x^3 + 4}{x^3 + 1} \equiv 1 + \dfrac{a}{x + 1} + \dfrac{bx + c}{x^2 - x + 1}$ é válida para todo número real $x \neq -1$. Então **a + b + c** é igual a:

a) 5 b) 4 c) 3 d) 2 e) 1

Resp: 81 B 82 A

195 (MAPOFEI - 75) Determinar o polinômio de terceiro grau que se anula para $x = 1$ e que dividido por $\mathbf{x + 1}$, por $\mathbf{x - 2}$ e por $\mathbf{x + 2}$ deixa sempre resto igual a $\mathbf{6}$.

196 (MAPOFEI - 72) a) Enunciar o teorema da existência e unicidade do quociente e do resto da divisão de dois polinômios de uma variável $A(z)$ e $B(z)$.

b) Determinar o resto da divisão de um polinômio $A(z)$ por $B(z) = z^2 + 1$, conhecendo-se $A(i)$ e $A(-i)$, onde **i** é a unidade imaginária.

Resp: 192 C 193 D 194 $c = 0$

Operações com polinômios

Neste item do nosso estudo de polinômios estaremos relembrando **adição, subtração, multiplicação** e **divisão de polinômios**. Além dos resultados obtidos nessas operações, estaremos nos preocupando também com os graus dos polinômios envolvidos.

Exercícios

85 Obter a soma de dois polinômios é o mesmo que "reduzir os termos semelhantes" da adição de ambos. Quando for conveniente, é possível usar-se um **dispositivo prático** para efetuar adições e subtrações (observe o item (a) deste exercício).

Dados os polinômios $A(x) = 2x^3 - x^2 + 5$, $B(x) = 3x^2 + x - 1$ e $C(x) = x^3 + 2x - 4$, determine:

a) $A(x) + B(x)$

dispositivo prático

$$\begin{array}{lr} A(x) \rightarrow & 2x^3 - x^2 + 0x + 5 \\ B(x) \rightarrow & 3x^2 + x - 1 \\ \hline \end{array}$$

(+ ↓)

$A(x) + B(x) =$

Resp: 83 E 84 D

192 (CESCEM - 71) Seja $r(x)$ uma função racional. Ela pode ser representada de forma única como o quociente de dois polinômios primos entre si $\dfrac{p(x)}{q(x)}$ onde $q(x)$ tem o coeficiente do termo de maior grau, unitário. Nestas condições, definimos ordem K de $r(x)$ como:

$$K = \begin{cases} 2 \cdot \text{grau de } (q(x)) & \text{se grau } (p(x)) \text{ é grau } (q(x)) \\ 2 \cdot \text{grau de } (p(x)) - 1 & \text{se grau } (p(x)) > \text{grau } (q(x)) \end{cases}$$

assim, dado o polinômio $r(x) = \dfrac{3x^2 + 2x - 1}{x - 4}$ a ordem de $r(x)$ é:

a) 1 b) 2 c) 3 d) 4 e) 5

193 (ITA - 71) Qual o resto da divisão por $x - a$, do polinômio

$$\begin{vmatrix} 1 & x & x^2 & x^3 \\ 1 & a & a^2 & a^3 \\ 1 & b & b^2 & b^3 \\ 1 & c & c^2 & c^3 \end{vmatrix}$$

a) $2x^3 + c$ b) $6x^2 + 7$ c) 5 d) 0 e) nenhuma das anteriores

194 (EPUSP - 58) Qual deve ser o valor do coeficiente **c** para que os restos das divisões de $x^{10} + ax^4 + bx^2 + cx + d$ por $x + 12$ e $x - 12$ sejam iguais?

Resp: **190** $R(x) = [\,\text{sen}(na)\,]\,x + \cos(na)$ **191** D

85 b) $2\,A(x)\ \ C(x) = 2\,A(x) + (\ C(x))$

$$\begin{array}{lcrrrr} 2\,A(x) & \rightarrow & 4x^3 & -2x^2 & +0x & +10 \\ -\,C(x) & \rightarrow & -1x^3 & +0x^2 & -2x & +4 \end{array}$$

(+ ↓)

$2\,A(x) - C(x) =$

c) $B(x) - A(x) - 2\,C(x) = B(x) + (-A(x)) + (-2\,C(x))$

86 Observando atentamente os itens (a) e (b) do exercício anterior, responda:

a) Qual é o grau de A (x) : gr [A (x)] =

b) Qual é o grau de B (x) : gr [B (x)] =

c) Qual é o grau da soma : gr [A (x) + B (x)] =

d) Qual é o grau de 2 A (x) : gr [2 A (x)] =

e) Qual é o grau de – C (x) : gr [– C (x)] =

f) Qual é o grau da soma : gr [2 A (x) – C (x)] =

Resp: 85 a) $2x^3 + 2x^2 + x + 4$

[190] Determine o resto da divisão de $P(x) = (\cos a + x \operatorname{sen} a)^n$ por $d(x) = x^2 + 1$ $(a \in R$ e $n \in N)$

[191] (ITA - 69) Os coeficientes **A, B, C** e **D** do polinômio $P(x) = Ax^3 + Bx^2 + Cx + D$ devem satisfazer certas relações para que $P(x)$ seja um cubo perfeito. Assinale a opção correta para que isto se verifique:

a) $D = \dfrac{C^2 A}{3B}$

b) $C = \dfrac{B}{3A^3}$ e $D = \dfrac{B^2}{27A^3}$

c) $BC = 3A$ e $CD^2 = B^2A^2$

d) $C = \dfrac{B^2}{3A}$ e $D = \dfrac{B^3}{27A^2}$

e) nenhuma das anteriores

Resp: [187] se $a = 0 \Rightarrow p$ e q podem ser quaisquer
se a $0 \Rightarrow p$ é par e q é ímpar

[188] A

[189] B

87 São dados os polinômios $A(x) = x^3 + 2x^2 - x - 3$ e $B(x) = 3x^2 + x - 2$. Para multiplicá-los basta multiplicar todos os termos de um por todos os termos do outro, reduzindo, a seguir, os termos semelhantes. Ficará, evidentemente, melhor se usarmos o dispositivo prático seguinte:

$A(x) \rightarrow \quad x^3 + 2x^2 - x - 3$

$B(x) \rightarrow \quad 3x^2 + x - 2$

$3x^2 \cdot A(x) \rightarrow \quad 3x^5 + 6x^4 - 3x^3 - 9x^2$

$x \cdot A(x) \rightarrow \quad x^4 + 2x^3 \ldots$

$-2 \cdot A(x) \rightarrow$ ________________

(+ ↓)

$A(x) \cdot B(x) = \quad 3x^5 + 7x^4$

Complete-o

88 Considerando os polinômios A (x) e B (x) do exercício anterior e ainda $C(x) = 2 - 5x$, calcule:

a) $A(x) \cdot C(x)$

$A(x) \rightarrow$

$C(x) \rightarrow$

b) $B(x) \cdot C(x)$

$B(x) \rightarrow$

$C(x) \rightarrow$

Resp: **85** b) $3x^3 - 2x^2 - 2x + 14$ c) $-4x^3 + 4x^2 - 3x + 2$

86 a) 3 b) 2 c) 3 d) 3 e) 3 f) 3

187 (ITA - 61) Qual é a condição necessária e suficiente que devem satisfazer **p** e **q** de modo que $x^p + 2a^q x^{p-q} + a^p$ seja divisível por $x + a$ $(p, q \in N$ e $p > q)$.

188 (FGV - 73) Um, e somente um, dos polinômios abaixo satisfaz a relação $P(x) - P(x - 1) = x$, para todo x real. Assinale-o:

a) $P(x) = \frac{1}{2}x^2 + \frac{1}{2}x + 3$

b) $P(x) = \frac{1}{2}x^2 - x + 3$

c) $P(x) = x^2 + 3x$

d) $P(x) = x^2 + \frac{1}{2}x - 2$

e) $P(x) = x^2 + x$

189 (EPUSP - 67) O resto da divisão de um polinômio $P(x)$ por $ax - b$ é:

a) $P(b)$

b) $P\left(\frac{b}{a}\right)$

c) $\frac{1}{a} \cdot P(b)$

d) $a \cdot P\left(\frac{b}{a}\right)$

e) nenhuma das anteriores

Resp: 184 E   185 $(m, n) = (13, -13)$ 186 D

88 c) $[A(x)]^2$ lembrando que

$$(a + b + c + d)^2 = a^2 + b^2 + c^2 + d^2 + 2ab + 2ac + 2ad + 2bc + 2bd + 2cd$$

d) $[B(x)]^2$

e) $[C(x)]^3$

89 Observando os resultados dos dois exercícios anteriores, determine:

a) gr (A) =

b) gr (B) =

c) gr (A . B) =

d) gr (C) =

e) gr (A . C) =

f) gr (B . C) =

g) gr (A^2) =

h) gr (B^2) =

i) gr (C^3) =

90 Considerando os polinômios A (x), B (x) e C (x) do exercício 88 , determine o grau do polinômio M (x) = A (x) . C (x) – B (x) . C (x) sem efetuar estas operações.

gr (M) =

Resp: 87 $3x^5 + 7x^4 - 3x^3 - 14x^2 - x + 6$

88 a) $-5x^4 - 8x^3 + 9x^2 + 13x - 6$ b) $-15x^3 + x^2 + 12x - 4$

184 (PUC-CAMP - 80) Sendo **a** e **b** dois números tais que o polinômio $P(x) = 2x^3 + ax^2 + bx - 2$ é divisivel por $(x + 2)$ e por $(2x + 1)$, então **a + b** vale:

a) – 4 b) 1 c) 6 d) 3 e) n.d.a.

185 (FEI – 77) Determinar **m, n** reais para que o polinômio $P(x) = x^4 + mx^3 + nx^2 - 17x + 16$ seja divisível por $(x - 1)^2$.

186 (ITA - 71) Dividindo o polinômio $P(x) = x^3 + x^2 + x + 1$ pelo polinômio $Q(x)$ obteremos o quociente $S(x) = 1 + x$ e o resto $R(x) = x + 1$. O polinômio $Q(x)$ satisfaz:

a) $Q(2) = 0$ b) $Q(3) = 0$ c) $Q(0) \neq 0$ d) $Q(1) \neq 0$ e) nenhuma das anteriores

Resp: 181 Demonstração 182 Demonstração 183 E

91 Dados dois polinômios **A (x)** e **B (x)** respectivamente com **graus α** e **β**, discutir em função de α e β os graus dos polinômios:

a) A (x) . B (x) $\rightarrow$ gr (A . B)

b) A (x) + B (x) $\rightarrow$ gr (A + B)

92 Com os mesmos polinômios do exercício anterior e sabendo que $n \in N$, discutir os graus de:

a) 2 A (x)

b) $[A(x)]^n$

c) A (x) − B (x)

93 (FUVEST - 81) O grau dos polinômios **f (x), g (x) e h (x)** é 3. O número natural **n** pode ser o grau do polinômio não nulo f (x) . [g (x) + h (x)] se e somente se:

a) $n = 6$ b) $n = 9$ c) $0 \leq n \leq 6$ d) $3 \leq n \leq 9$ e) $3 \leq n \leq 6$

Resp: 88 c) $x^6 + 4x^5 + 2x^4 - 10x^3 - 11x^2 + 6x + 9$ d) $9x^4 + 6x^3 + -11x^2 - 4x + 4$
e) $-125x^3 + 150x^2 - 60x + 8$

89 a) 3 b) 2 c) 5 d) 1 e) 4 f) 3 g) 6 h) 4 i) 3

90 gr (M) = 4

181 Provar que $(x - 2)^{2n} + (x - 1)^n - 1$ é divisível por $x^2 - 3x + 2$.

182 Provar que $nx^{n+1} - (n + 1)x^n + 1$ é divisível por $(x - 1)^2$.

183 (U.MACK - 80) O polinômio $P(x) = (\cos\theta + x \operatorname{sen}\theta)^n - \cos n\theta - x \operatorname{sen} n\theta$, $n \in N^*$, é divisível por $P_1(x) = x^2 + 1$,

a) somente se $0 < \theta \leq \frac{\pi}{2}$

b) somente se $\frac{\pi}{2} < \theta \leq \pi$

c) somente se $\theta \neq \frac{\pi}{2} + k\frac{\pi}{3}$

d) somente se $n\theta \neq K\pi$

e) sempre

Resp: **179** $Q(x) = x^2 + (2y - z)x + y^2 - yz + z^2$ e $R(x) \equiv 0$ **180** E

Divisão de polinômios

P (x)	d (x)
R (x)	Q(x)

única restrição: $d(x) \not\equiv 0$

Nomenclatura

P (x) : dividendo
d (x) : divisor (não nulo)
Q (x) : quociente
R (x) : resto

Definição : Efetuar a divisão de polinômios $P(x) : d(x)$, com $d(x) \not\equiv 0$, significa obter dois outros polinômios Q (x) e R (x) tais que:

1º) $P(x) \equiv Q(x) \cdot d(x) + R(x)$

2º) $gr(R) < gr(d)$ ou $R(x) \equiv 0$

Observações:

1º) Quando $R(x) \equiv 0$ a divisão se chama exata e dizemos que P (x) é divisível por d (x) ou que P (x) é múltiplo de d (x) .

2º) Demonstra-se que na divisão de P (x) por d (x) , com $d(x) \not\equiv 0$, **sempre existem** e **são únicos** os polinômios Q (x) e R (x) resultantes.

3º) Quando $P(x) \equiv 0$ (polinômio nulo) obteremos $Q(x) = R(x) \equiv 0$, qualquer que seja $d(x) \not\equiv 0$.

4º) Quando $gr(P) < gr(d)$ obteremos $Q(x) \equiv 0$ e $R(x) \equiv P(x)$.

Resp: 91 Resolução em sala de aula 92 idem 93 E

Exercícios Gerais

179 Determine quociente (Q (x)) e resto (R (x)) da divisão de $P(x) = x^3 + y^3 + z^3 + 3xy(x + y)$ por $d(x) = x + y + z$.
Sugestão: utilize o dispositivo de Briot - Ruffini.

1	(3y)	$(3y^2)$	$(y^3 + z^3)$	$-y-z$
1				

180 (FGV - 74) Sejam **a, b, c, d, e, f** os números que aparecem no dispositivo (de Briot - Ruffini) para o cálculo do quociente e do resto da divisão de $2x^4 + 8x^3 - x^2 + 16$ por $x + 4$.

	2	8	− 1	0	16
− 4		− 8	b	4	e
	2	a	c	d	f

Então a + b + c + d + e + f vale:

a) − 16 b) 19 c) 16 d) 21 e) − 13

Resp: 177 C 178 D

Exercícios

94 **Divisão pelo "Método da chave"** . Efetue as divisões **P (x) : d (x)** seguintes:

a) $\begin{cases} \mathbf{P(x)} = 6x^3 + 5x^2 - 12x - 3 \\ \mathbf{d(x)} = 2x^2 - x - 3 \end{cases} \Rightarrow \begin{cases} \mathbf{Q(x)} = \\ \mathbf{R(x)} = \end{cases}$

dispositivo prático → $6x^3 + 5x^2 - 12x - 3 \;\; \underline{|\;2x^2 - x - 3}$

b) **P (x)** $= -x^3 + 6x - x^2 + 3x^4 - 6x - 4$ e **d (x)** $= x^2 + 1$

$\begin{cases} Q(x) = \\ R(x) = \end{cases}$

c) **P (x)** $= x^3 + \frac{15}{2}x^2 + x - 12$ e **d (x)** $= 2x + 3$

$\begin{cases} Q(x) = \\ R(x) = \end{cases}$

177 (CESCEM - 69) O polinômio $P(x)$ de 3º grau é tal que $\frac{P(x)}{x-3} = (x^2 + x) \quad \frac{4}{x-3}$; isto significa que o polinômio $P(x)$:

a) não é divisível por 4 b) é divisível $x^2 + x$ c) não é divisível por $x - 3$
d) não tem nenhuma raiz real e) nenhuma das anteriores

178 (ITA – 77) Se $P(x)$ é um polinômio do 5º grau que satisfaz as condições $1 = P(1) = P(2) = P(3) = P(4) = P(5)$ e $P(6) = 0$, então temos:

a) $P(0) = 4$ b) $P(0) = 3$ c) $P(0) = 9$ d) $P(0) = \ 2$ e) nenhuma das respostas anteriores

Resp: 174 A 175 B 176 D

Observe as seguintes **divisões euclidianas** no conjunto **N dos números naturais** e como satisfazem à definição:

$$\begin{array}{r|l} 9 & 2 \\ \hline -8 & 4 \\ \hline 1 & \end{array}$$

P = Q . d + R e **R < d**

$9 = 4 \cdot 2 + 1$ e $1 < 2$

$$\begin{array}{r|l} 5 & 7 \\ \hline -0 & 0 \\ \hline 5 & \end{array}$$

$5 = 0 \cdot 7 + 5$ e $5 < 7$

(note que o dividendo é menor que o divisor)

$$\begin{array}{r|l} 0 & 6 \\ \hline -0 & 0 \\ \hline 0 & \end{array}$$

$0 = 0 \cdot 6 + 0$ e $0 < 6$

(dividendo nulo $\Rightarrow$ quociente = resto = 0)

95 Releia a definição de divisão de polinômios da página 47. A seguir, inspirando-se nas divisões com números naturais acima, efetue P (x) : d (x) nos seguintes casos:

a) $P(x) = 8x^2 - 4x + 3$
$d(x) = -4x^2 + 3x - 5$

Q (x) =
R (x) =

b) $P(x) = 3x^3 - 6x^2 + 9x - 15$
$d(x) = 3 = 3x^0$

Q (x) =
R (x) =

Resp: **94** a) $Q(x) = 3x + 4$, $R(x) = x + 9$ b) $Q(x) = 3x^2 - x - 4$, $R(x) = x$ c) $Q(x) = \frac{1}{2}x^2 + 3x - 4$, $R(x) = 0$ (polinômio nulo)

174 (ITA - 71) Seja $P(x) = a_0x + a_1x + a_2x^2 + a_3x^3 + ... + a_{100}x^{100}$, onde $a_{100} = 1$, um polinômio divisível por $(x + 9)^{100}$. Nestas condições temos:

a) $a_2 = 50 . 99 . 9^{98}$ b) $a_2 = \frac{100!}{2!98!}$ c) $a_2 = \frac{99!}{2!98!}$

d) $a_2 = \frac{100!9^2}{2!98!}$ e) nenhuma das anteriores

175 (CESCEA - 70) O coeficiente da maior potência de um polinômio $P(x)$ do 3º grau é 1 . Sabendo-se que $P(1) = P(2) = 0$ e $P(3) = 30$, então $P(-1)$ vale:

a) 48 b) 66 c) 18 d) -2 e) 68

176 (CESCEA - 72) O coeficiente de x^3 no polinômio $P(x)$ do terceiro grau que se anula para $x = -1$ é tal que dividido separadamente por $x - 1$, $x + 2$ e $x + 3$ deixa sempre resto 10 , é:

a) 5 b) 10 c) 1 d) $\frac{5}{2}$ e) não sei

Resp: 172 a) Sim b) Sim, se n for ímpar c) $Q(x) = x^n + x^{n-1} + x^{n-2} + ... + x + 1$
173 B

95 c) $P(x) \equiv 0$ (o dividendo é o polinômio nulo)
$d(x) = 2x + 3$

$Q(x) =$
$R(x) =$

d) $P(x) = -4x + 6$ (o grau do dividendo é menor que o grau do divisor)
$d(x) = x^2 + x + 1$

$Q(x) =$
$R(x) =$

e) $P(x) = 6 = 6x^0$ (ambos são polinômios com grau zero)
$d(x) = 4 = 4x^0$

$Q(x) =$
$R(x) =$

Constastações importantes: após analisarmos os resultados do exercício 95, podemos constatar que:

1º) Quando $P(x) \equiv 0$ (dividendo é o polinômio nulo) obteremos $Q(x) = R(x) \equiv 0$.

2º) Quando gr (P) < gr (d) obteremos $Q(x) \equiv 0$ e $R(x) \equiv P(x)$.

3º) Quando gr (d) = 0 (divisor é um polinômio com grau zero) obteremos, sempre, $R(x) \equiv 0$ (divisão exata) .

Resp: 95 a) $Q(x) = -2$ (grau zero)
$R(x) = 2x - 7$

b) $Q(x) = x^3 - 2x^2 + 3x - 5$
$R(x) \equiv 0$ (divisão exata)

172 Dado o polinômio $P(x) = x^{n+1} - 1$ $(n \in N)$:

a) $P(x)$ é divisível por $x - 1$?
b) $P(x)$ é divisível por $x + 1$?
c) Qual é o quociente da divisão de $P(x)$ por $x - 1$?

173 (FFCL/USP - 69) Para todo número natural $n \geq 1$, o polinômio $P(x) = (x^n - 1)(x^{n+1} - 1)$ é divisível por:

a) $x^2 - 4$ b) $(x - 1)^2 (x + 1)$ c) $(x - 2)(x - 1)$ d) $(x - 1)^3 (x + 1)$ e) n.d.a.

Sugestão: Use as resoluções dos exercícios 170, 171 e 172.

Resp: 170 São divisores de $P(x)$ nas condições do enunciado: $d(x) = 1 = 1x^0$, $d(x) = x - \alpha_1$, $d(x) = x - \alpha_2$, $d(x) = x - \alpha_3$, $d(x) = (x - \alpha_1)(x - \alpha_2)$, $d(x) = (x - \alpha_1)(x - \alpha_3)$, $d(x) = (x - \alpha_2)(x - \alpha_3)$
$d(x) = (x - \alpha_1)(x - \alpha_2)(x - \alpha_3)$

171 a) Sim b) Sim se n for par c) $Q(x) = x^{n-1} + x^{n-2} + x^{n-3} + ... + x + 1$

96 Determine, em cada caso, os graus de $Q(x)$ e $R(x)$, quociente e resto da divisão de $P(x)$ por $d(x)$, sabendo que:

a) $gr(P) = 5$ ($gr(P)$ = grau do polinômio $P(x)$)
$gr(d) = 3$

b) $gr(P) = 2$
$gr(d) = 2$

c) $gr(P) = 2$
$gr(d) = 3$

d) $gr(P) = 6$
$gr(d) = 0$

e) $P(x) \equiv 0$
$gr(d) = 2$

97 Se **P (x)** e **d (x)** têm, respectivamente, graus $\boldsymbol{\alpha}$ **e** $\boldsymbol{\beta}$, discutir em função de α e β os graus do quociente $Q(x)$ e do resto $R(x)$ da divisão de $P(x)$ por $d(x)$.

Resp: 95 c) $Q(x) = 0$ | d) $Q(x) = 0$ | e) $Q(x) = \frac{3}{2} = \frac{3}{2}x^0$

$R(x) = 0$ | $R(x) = -4x + 6 = P(x)$ | $R(x) = 0$

170 Sabendo que $P(x) = a_0(x - \alpha_1)(x - \alpha_2)(x - \alpha_3) \cdot Q(x)$ onde $a_0 \in C^*$ é o seu coeficiente dominante, $\alpha_1, \alpha_2, \alpha_3 \in C$ são três de suas raízes e $Q(x)$ é um polinômio qualquer com grau $n \in N^*$, determine todos os polinômios $d(x)$ com coeficiente dominante igual a 1, que são divisores de $P(x)$ e que não apresentam fatores da forma $(x - \beta)$ tal que $(x - \beta) | Q(x)$. Dado: $Q(x)$ = não admite α_1, α_2 ou α_3 como raiz.

171 Dado o polinômio $P(x) = x^n - 1$ $(N \in N)$, pede-se:

a) determinar se $P(x)$ é divisível por $x - 1$.

b) determinar se $P(x)$ é divisível por $x + 1$.

c) determinar o quociente da divisão de $P(x)$ por $x - 1$.

Resp: 168 C 169 C

98 **Divisão pelo "Método de Descartes" ou "Método dos coeficientes a determinar"**

Efetue as divisões P (x) : d (x) seguintes:

a) $P(x) = x^4 - x^3 - x + 2$ **P (x)** | **d (x)**

$d(x) = x^2 - 1$ **R (x)** **Q(x)**

Complete: gr (P) =
gr (d) =
gr (Q) = ⇒ Q (x) =
gr (R) = ⇒ R (x) =

Por definição: $P(x) \equiv Q(x) \cdot d(x) + R(x)$

b) $P(x) = x^3 - 7x^2 + 6x + 10$ gr (Q) = ⇒ Q (x) =
$d(x) = x^2 - 3x + 2$ gr (R) = ⇒ R (x) =

definição: $P(x) \equiv Q(x) \cdot d(x) + R(x)$

Resp: 96 a) gr (Q) = 2
gr (R) < 3 ou R (x) ≡ 0
b) gr (Q) = 0
gr (R) < 2 ou R (x) ≡ 0
c) Q (x) ≡ 0
R (x) = P (x)
d) gr (Q) = 6
R (x) ≡ 0
e) Q (x) ≡ 0
R (x) ≡ 0

97 Se $\alpha \geq \beta$ gr (Q) = $\alpha - \beta$ e gr (R) < β ou R (x) ≡ 0
Se $\alpha < \beta$ Q (x) ≡ 0 e R (x) = P (x)

[168] (ITA - 67) Um polinômio $P(x)$, dividido por $\mathbf{x-1}$ dá resto **3**. O quociente desta divisão é então dividido por $\mathbf{x-2}$, obtendo-se resto **2**. O resto da divisão de $P(x)$ por $(x-1)(x-2)$ será:

a) $3x+2$ b) $-3x\ 1$ c) $2x+1$ d) $-x+4$ e) n.d.a.

Sugestão: repita o raciocínio usado no **3º caso** do dispositivo de Briot - Ruffini, à página 80.

[169] (CESCEA - 70) Um polinômio $P(x)$ quando dividido por $\mathbf{x+2}$ dá resto **5** e quando dividido por $\mathbf{x-2}$ dá resto **13** e dividindo-se $P(x)$ por $\mathbf{x^2-4}$ obtém-se um resto $R(x)$. Então o valor de $R(x)$ no ponto $x=1$ é:

a) -18 b) 34 c) 11 d) 2 e) 18

Observação: este mesmo teste, apenas com alternativas diferentes, caiu no exame vestibular do ITA - 75.

Resp: [166] $(a, b) = (2, 1)$ e $m = 3$

[167] $(a, b) = (n-1, -n)$ e $Q(x) = (n-1)x^{n-1} - x^{n-2} - x^{n-3} - \ldots - x - 1$

99 Efetue as divisões $P(x) : d(x)$ seguintes usando o **Método de Descartes**:

a) $P(x) = -6x^3 + 7x^2 + 26x + 8$
$d(x) = 3x + 4$

b) $P(x) = 5x + 6$
$d(x) = x^2 + 3x + 2$

c) $P(x) = \frac{1}{2} = \frac{1}{2}x^0$ (polinômios com grau zero)

$d(x) = \frac{-3}{4}$

Resp: 98 a) $Q(x) = x^2 - x + 1$
$R(x) = -2x + 3$

b) $Q(x) = x - 4$
$R(x) = -8x + 18$

166 (POLI - 62) Determine **a,b** e o **maior inteiro** **m** de modo que o polinômio $x^5 - ax^4 + bx^3 - bx^2 + 2x - 1$ seja divisível por $(x-1)^m$.

167 Determine os valores **a,b** de modo que o polinômio $P(x) = ax^n + bx^{n-1} + 1$ $(n \in N^*)$ seja divisível por $d(x) = (x - 1)^2$ e, a seguir, o quociente $Q(x)$ da divisão de $P(x)$ por $\mathbf{(x-1)}$.

Resp: 163 Demonstração   164 Demonstração

165 $(a, b, c) = (1, -3, -2)$ e $Q(x) = x + 1$

Divisão exata $\Leftrightarrow$ Fatoração do dividendo

$P(x)$		$\underline{\lfloor\ d(x)\ }$
$R(x)$	0	$Q(x)$

$P(x) = \underbrace{Q(x)\ .\ d(x)}_{\text{produto de dois fatores}}$

Note que numa divisão exata ($R(x)$ 0) o dividendo, $P(x)$, pode ser transformado num produto de dois polinômios, $Q(x)$ e $d(x)$, tais que $gr(P) = gr(d) + gr(Q)$ (supondo que $P(x)$ não seja o polinômio nulo).

100 a) Fatore completamente o polinômio $\mathbf{P(x) = x^4 + x^3 - 7x^2 - x + 6}$ transformando-o num produto de polinômios do 1° grau, sabendo que ele é **divisível** por $\mathbf{d(x) = x^2 - x - 2}$.

b) Usando o resultado do item **a** determine as raízes da **equação** $\mathbf{P(x) = 0}$ de 4° grau.

Resp: **99** a) $Q(x) = -2x^2 + 5x + 2$ b) $Q(x) \equiv 0$ c) $Q(x) = -\frac{2}{3} = -\frac{2}{3} = x^0$

$R(x) \equiv 0$ $R(x) = 5x + 6$ $R(x) \equiv 0$

163 Mostre que o polinômio $P(x) = x^{n+1} - (n + 1)x + n \ (n \in N)$ é divisível por $d(x) = (x - 1)^2$.

164 Mostre que o polinômio $P(x) = (x + 1)^{2n} - x^{2n} - 2x - 1 \quad (n \in N^*)$ é divisível por $d(x) = 2x^3 + 3x^2 + x$.
Sugestão: fatore completamente o polinômio d (x).

165 Determine **a, b, c** de modo que o polinômio $P(x) = x^4 + 3x^3 + ax^2 + bx + c$ seja múltiplo de $d(x) = (x^2 - 1)(x + 2)$ e, a seguir, determine o quociente dessa divisão.

Resp: **160** Demonstração. Basta calcular os valores P (1) e P (–1).
161 Demonstração **162** Demonstração

101 Determine todas as raízes do polinômio P (x) em cada caso:

a) $P(x) = 6x^3 + 5x^2 - 2x - 1$ sabendo que ele é **divisíve** l por $d(x) = x + 1$.

b) $P(x) = x^4 - 4x^3 + 10x^2 - 12x + 5$ sabendo que ele é **múltiplo** de $d(x) = x^2 - 2x + 5$.

c) $\mathbf{P(x) = x^3 - 3x^2 + 3x - 1}$ sabendo que é **divisível** por $\mathbf{x - 1}$.

Resp: 100 a) $P(x) = (x + 3)(x - 1)(x - 2)(x + 1)$ b) $S = \{-3, 1, 2, -1\}$

160 Sem efetuar a divisão, mostre que o polinômio $P(x) = x^4 + x^3 - 3x^2 - x + 2$ é divisível por $d(x) = x^2 - 1$ (Aplicação do **Teorema 2** e do Teorema de D'Alembert).

161 Mostre que o polinômio $P(x)$ do exercício anterior é divisível por $(x - 1)^2$ mas não é divisível por $(x - 1)^3$.

$P(x)$	1	1	-3	-1	2	1
$Q_1(x)$						1
$Q_2(x)$						1
$Q_3(x)$						

$P(x) \mid x - 1$

$k_1 = 0 \quad Q_1(x) \mid x - 1$

$k_2 = 0 \quad Q_2(x) \mid x - 1$

$k_3 \neq 0 \quad Q_3(x)$

162 Mostre que o polinômio $P(x) = (a + b + x)^n - a^n - b^n - x^n$, onde $\mathbf{n \in N \mid n}$ **é ímpar** e $\mathbf{a \neq b}$, é divisível por $d(x) = (x + a)(x + b)$.

Resp: **158** $m = -6$ e $n = 5$. Alternativa A.

159 $m = 1$, $n = -19$ e $Q(x) = 2x^2 + 3x + 1$. Alternativa E.

Teorema da decomposição

Enunciado: "Todo polinômio $P(x) = a_0x^n + a_1x^{n-1} + ... + a_n$ **de coeficientes complexos** e **grau** $\mathbf{n \geq 1}$ admite uma decomposição (fatoração) na forma $\mathbf{P(x) = a_0 (x - \alpha_1)(x - \alpha_2)(x - \alpha_3) .... (x - \alpha_n)}$ onde $\mathbf{a_0} \in \mathbf{C^*}$ é o coeficiente dominante de $P(x)$ e $\boldsymbol{\alpha_1, \alpha_2, \alpha_3, ..., \alpha_n}$ são as **n** raízes de $P(x)$.

Observações:

1°) **Essa decomposição** , a não ser pela ordem das raízes, **é unica**.

2°) As **n** raízes $\alpha_1, \alpha_2, ... , \alpha_n$ podem ser distintas duas a duas ou não (raízes iguais são chamadas de raízes múltiplas).

3°) Em particular, para um polinômio do 2° grau, temos: $P(x) = a_0x^2 + a_1x + a_2 = a_0 (x - \alpha_1)(x - \alpha_2)$.

Demonstração:

$\mathbf{ax^2 + bx + c = 0}$ (Báskara)

$$\alpha_1 = \frac{-b + \sqrt{\Delta}}{2a}$$

$$\alpha_2 = \frac{-b - \sqrt{\Delta}}{2a}$$

$\alpha_1 + \alpha_2 = S =$

$\alpha_1 \, . \, \alpha_2 = P =$

$\mathbf{ax^2 + bx + c} = a\left(x^2 + \frac{b}{a}x + \frac{c}{a}\right) =$

Resp: 101 a) $\alpha_1 = \frac{1}{2}, \alpha_2 = -\frac{1}{3}, \alpha_3 = -1$ b) $\alpha_1 = \alpha_2 = 1$ (raiz dupla) c) $\alpha_1 = \alpha_2 = \alpha_3 = 1$ (raiz tripla)

$\alpha_3 = 1 + 2i, \alpha_4 = 1 - 2i$

158 (CESCEA - 71) Sendo **m** e **n** dois números tais que o polinômio $x^4 - 4x^3 + mx^2 + 4x + n$ é divisível por $(x - 1)(x - 5)$, então $\mathbf{m + n}$ vale:

a) -1 b) 0 c) 11 d) 1 e) não sei

159 (CESCEA - 69) Após determinar **m** e **n** de modo que $P(x) = 2x^4 + mx^3 - 14x^2 + nx - 6$ seja divisível por $(x - 3)(x + 2)$, o quociente dessa divisão é:

a) $2x^2 - 3x + 1$ b) $x^2 - x + 1$ c) $4x^2 - 1$ d) $x^2 + x + 1$ e) $2x^2 + 3x + 1$

Resp: 157 $a = 0$ e $b = -21$; $Q(x) = 1x + a + 5 = x + 5$, embora o enunciado não pedisse $Q(x)$. Alternativa A

102 Usando os resultados dos exercícios 100 e 101 , fatore completamente os polinômios seguintes (**Teorema da decomposição**) :

a) $P(x) = x^4 + x^3 - 7x^2 - x + 6$
$P(x) =$

b) $P(x) = 6x^3 + 5x^2 - 2x - 1$
$P(x) =$

c) $P(x) = x^4 - 4x^3 + 10x^2 - 12x + 5$
$P(x) =$

d) $P(x) = x^3 - 3x^2 + 3x - 1$
$P(x) =$

103 Decomponha os seguintes polinômios do 2º grau de acordo com o enunciado do **Teorema da decomposição**:

a) $P(x) = x^2 - x - 20$

b) $P(x) = 12x^2 - 5x - 2$

c) $P(x) = x^2 - 2x + 2$

157 (CESCEA - 72) Se **a** e **b** são determinados de forma que o polinômio $x^3 + ax^2 + bx + 20$ seja divisível por $x^2 - 5x + 4$, então **a + b** vale:

a) – 21 b) – 20 c) 15 d) 20 e) não sei

1ª resolução: Usando o **Teorema 1**

$$P(x) = x^3 + ax^2 + bx + 20 \quad \text{e} \quad d(x) = x^2 - 5x + 4 = (x-1)(x-4)$$

$$\begin{array}{l|l} P(x) & (x-1)(x-4) \\ \hline R(x)=0 & Q(x) \end{array} \quad \Rightarrow \quad \begin{array}{l|l} P(x) & x-1 \\ \hline k_1 = 0 & Q_1(x) \end{array} \quad \begin{array}{l|l} Q_1(x) & x-4 \\ \hline k_2 = 0 & Q_2(x) \end{array}$$

$P(x)$	1	a	b	20	1	$k_1 = 0 \Rightarrow$
$Q_1(x)$				k_1	4	$k_2 = 0 \Rightarrow$
$Q_2(x)$			k_2			

$$Q_2(x) = Q(x) =$$

2ª resolução: Usando o **Teorema 2**

$$(x-1)(x-4) \mid P(x) \quad \Leftrightarrow \quad \begin{cases} (x-1) \mid P(x) \Leftrightarrow P(1) = 0 \Leftrightarrow \\ \text{e} \\ (x-4) \mid P(x) \Leftrightarrow P(4) = 0 \Leftrightarrow \end{cases}$$

Observação: note que, embora o enunciado não pedisse, na 1ª resolução conseguimos obter os valores de **a, b** e simultâneamente o quociente da divisão, o que não ocorre na 2ª resolução.

[104] (FEI/ SP - 67) O polinômio $P(x) = x^5 - x^4 - 13x^3 + 13x^2 + 36x - 36$ é divisível por $\mathbf{x - 1}$. Quais são todas as raízes de $P(x)$?

[105] Decompor o polinômio $P(x) = 30x^3 - 53x^2 + 31x - 6$ sabendo que ele é **múltiplo** de $d(x) = 5x - 3$.

Resp: [102] a) $P(x) = 1(x + 3)(x - 1)(x - 2)(x + 1)$ b) $P(x) = 6(x - \frac{1}{2})(x + \frac{1}{3})(x + 1)$

c) $P(x) = 1(x - 1)^2 . [x - (1 + 2i)] . [x - (1 - 2i)]$ d) $P(x) = 1(x - 1)(x - 1)(x - 1) = 1(x - 1)^3$

[103] a) $P(x) = 1(x - 5)(x + 4)$ b) $P(x) = 12(x + \frac{1}{4})(x - \frac{2}{3})$ c) $P(x) = 1[x - (1 + i)][x - (1 - i)]$

Teorema 2 : "Um polinômio $P(x)$ é divisível por $(x-a)(x-b)$ **,com** $\mathbf{a \neq b}$, se , e somente, $P(x)$ for divisível por $\mathbf{x-a}$ e, separadamente, $P(x)$ for divisível por $\mathbf{x-b}$."

$P(x)$	$(x-a)(x-b)$
$R(x)=0$	$Q(x)$

$\Longleftrightarrow$ $(a \neq b)$

$P(x)$	$x-a$
$k_1 = P(a) = 0$	$Q_1(x)$
e	
$P(x)$	$x-b$
$k_2 = P(b) = 0$	$Q_2(x)$

Observação: também, aqui, é válida a generalização desse teorema, $d(x) = (x-a)(x-b)(x-c)\ldots$, com $a, b, c, \ldots$ distintos dois a dois.

Demonstração:

1ª parte : Hipótese **Tese**

$(x-a)(x-b) \mid P(x) \quad \Rightarrow \quad x-a \mid P(x)$ e $x-b \mid P(x)$

2ª parte: Hipótese **Tese**

$x-a \mid P(x)$
$x-b \mid P(x)$ e $a \neq b$ $\quad \Rightarrow \quad (x-a)(x-b) \mid P(x)$

106 a) Determine os parâmetros **a** e **b** de modo que $P(x) = x^3 - 7x^2 + ax + b$ seja divisível por $d(x) = x^2 - 3x + 2$.

b) Qual é o quociente $Q(x)$ dessa divisão?

Sugestão: Utilize o **Método de Descartes** para a divisão dos polinômios.

$$\begin{array}{l|l} P(x) & d(x) \\ \hline R(x) & Q(x) \end{array} \quad \Rightarrow \quad \mathbf{P(x) = Q(x) \cdot d(x)}$$

107 a) Determine os parâmetros **a** e **b** de modo que $P(x) = x^4 - 5x^3 + 10x^2 + ax + b$ seja múltiplo de $d(x) = x^2 - 3x + 2$.

b) Usando o resultado do item (a), decomponha $P(x)$ num produto de fatores do 1º grau.

Resp: 104 $\alpha_1 = 1, \alpha_2 = 2, \alpha_3 = -2, \alpha_4 = 3, \alpha_5 = -3$ (a ordem das raízes não importa)

105 $P(x) = 30\left(x - \frac{2}{3}\right)\left(x - \frac{1}{2}\right)\left(x - \frac{3}{5}\right)$

Teoremas sobre divisibilidade de polinômios

Teorema 1 : "Um polinômio $P(x)$ é divisível por $(x-a)(x-b)$ se, e somente se, $P(x)$ é divisível por $(x-a)$ e o quociente dessa divisão é divisível por $(x-b)$."(divisão em escada: ver página 82)

$$\begin{array}{l|l} P(x) & (x-a)(x-b) \\ \cline{2-2} R(x)=0 & Q(x) \end{array} \quad \Leftrightarrow \quad \begin{array}{lll} P(x) & \multicolumn{1}{|l}{x-a} & \\ \cline{2-2} k_1=0 & Q_1(x) & \multicolumn{1}{|l}{x-b} \\ \cline{3-3} & k_2=0 & Q_2(x) \end{array}$$

(divisores diferentes)

No caso em que $a = b$, teremos:

$$\begin{array}{l|l} P(x) & (x-a)^2 \\ \cline{2-2} R(x)=0 & Q(x) \end{array} \quad \Leftrightarrow \quad \begin{array}{lll} P(x) & \multicolumn{1}{|l}{x-a} & \\ \cline{2-2} k_1=0 & Q_1(x) & \multicolumn{1}{|l}{x-a} \\ \cline{3-3} & k_2=0 & Q_2(x) \end{array}$$

(divisores iguais)

Observação: demonstra-se que é válida a generalização desse teorema para divisores com grau maior que dois. No 1º caso acima teremos $\mathbf{d(x) = (x-a)(x-b)(x-c) \ldots}$ e no 2º caso $\mathbf{d(x) = (x-a)^3}$ ou $\mathbf{d(x) = (x-a)^4}$ e assim por diante.

Resp: [155] $R(x) = x^2 + x - 1$
[156] $R(x) = 2x^2 + 3x - 4$

Exercícios Gerais

108 (CESCEM - 68) Se **f** e **g** são dois polinômios de grau **n**, qual é o grau de **f + g** e de **fg** ?

109 (POLI - 57) Numa divisão de polinômios em que o dividendo é de grau **p** e o quociente é de grau **q**, qual é o grau máximo que o resto pode ter?

110 (PUC/SP - 80) Se **p** e **q** são polinômios de graus **4** e **5** respectivamente, então o grau de:

a) p + q é 5

b) p . q é 20

c) p + q é 9

d) p . q é 10

e) q – p é 4

Resp: 106 a) $a = 14$ e $b = -8$ b) $Q(x) = x - 4$
107 a) $a = -10$ e $b = 4$ b) $P(x) = 1\ (x-1)\ (x-2)\ [x-(1+i)]\ [x-(1-i)]$

155 (ITA - 67) Um polinômio $\mathbf{P(x)}$ dividido por $\mathbf{x+1}$ deixa resto $\mathbf{-1}$, dividido por $\mathbf{x-1}$ deixa resto $\mathbf{1}$ e dividido por $\mathbf{x+2}$ deixa resto $\mathbf{1}$. Determine o resto da divisão de $P(x)$ por $\mathbf{(x+1)(x-1)(x+2)}$.

156 Um polinômio $P(x)$ quando dividido por $\mathbf{x-2}$ deixa resto $\mathbf{10}$ e quando dividido por $\mathbf{x^2-1}$ deixa resto $\mathbf{3x-2}$. Determine o resto da divisão de $P(x)$ pelo produto $\mathbf{(x-2)(x^2-1)}$.

Resp: 154 $R(x) = 4x - 1$

111 (POLI - 68) Seja $\mathbf{a_n}$ o coeficiente de $\mathbf{x^n}$ num polinômio de coeficientes complexos de grau 30 . Sendo $\mathbf{a_0 = -1}$ e $\mathbf{a_{n+1} = 1 + i\, a_n}$ ($n \geq 0$ e $i^2 = -1$) , então a_{30} é igual a:

a) $-i$ b) $1 - i$ c) i d) $2i$ e) n.d.a.

112 (PUC/SP - 84) O polinômio $P(x) = (x - 1) \,.\, (x - 2)^2 \,.\, (x - 3)^3 \,.\, \ldots\ldots (x - 10)^{10}$ tem grau:

a) 10 b) 10 ! c) 10^2 d) 110 e) $\dfrac{110}{2}$

113 (U.F. RS - 84) Se $p(x)$ é um polinômio de grau 5, então o grau de $\mathbf{[\,p(x)\,]^3 + [\,p(x)\,]^2 + 2\;p(x)}$ é:

a) 3 b) 8 c) 15 d) 20 e) 30

Resp: 108 $gr(f + g) \leq n$ ou $(f + g) \equiv 0$ e neste caso não se define grau
$gr(fg) = 2n$
109 $gr(R) < p - q$ então, no máximo $gr(R) = p - q - 1$ 110 A

154 Lembre-se do **Teorema do resto**:

"O resto da divisão de um polinômio $P(x)$ por $d(x) = x - a$ é $k = P(a)$"

$$\begin{array}{l|l} P(x) & x - a \\ \hline k = P(a) & Q(x) \end{array}$$

$R(x) = k,\ k \in C$, pois o divisor é do 1º grau

A seguir, resolva o seguinte problema:

"Um polinômio **P (x)** quando dividido por $\mathbf{x - 2}$ deixa resto **7** e quando dividido por $\mathbf{x - 3}$ deixa resto **11**. Sem conhecer $P(x)$, determine o resto da divisão de $P(x)$ pelo produto $(x - 2)(x - 3)$."

$$\begin{array}{l|l} P(x) & (x - 2)(x - 3) \\ \hline R(x) & Q(x) \end{array} \quad \xrightarrow{\text{definição}}$$

Resp: 152 $P(x) = (x - 1)^2 \cdot [x - (1 + i)][x - (1 - i)]$ 153 $P(x) = 2(x - 1)^3 \cdot (x + 2)(x + \frac{1}{2})$

114 (SANTA CASA - 81) Indica-se o grau do polinômio f por δf. Sejam **f** e **g** dois polinômios tais que $\delta f = 2n$ e $\delta g = n - 1$, onde $n \in N$ e $n > 1$. Se na divisão de f por g obtém-se quociente q e resto r, $r \neq 0$, podemos afirmar que:

a) $\delta q = \delta r = n - 1$ b) $\delta q = \delta r = n + 1$ c) $\delta q = n - 1$ e $\delta r = n - 2$
d) $\delta q = n - 1$ e $\delta r = < n - 1$ e) $\delta q = n + 1$ e $\delta r < n - 1$

115 (CESCEA - 75) O quociente e o resto da divisão de $P(x) = x^4 + x^2 + 1$ por $D(x) = x^2 - x + 1$ são, respectivamente:

a) $x^2 - x$ e $x - 1$ b) $-x^2 - x - 1$ e $-x + 2$ c) $x^2 - x - 1$ e $x + 1$
d) $x^2 + x$ e x e) $x^2 + x + 1$ e 0

116 (CESCEM - 68) Dividindo-se um polinômio $P(x)$ por $(x - 3)$, resulta um resto de (-7) e um quociente de $(x - 4)$. Qual é $P(x)$?

a) $x^2 - 7x + 5$ b) $2x^2 - x + 14$ c) $(x + 4)(x - 4)$ d) $2x$ e) $x^2 - 14x + 33$

117 (CESCEM - 70) Dividindo $(x^3 \quad 4x^2 + 7x - 3)$ por um certo polinômio $p(x)$ obtemos quociente $(x - 1)$ e resto $(2x - 1)$. O polinômio $p(x)$ é igual a:

a) $2x^2 - 3x + 2$ b) $x^2 - 3x + 2$ c) $x^2 - x + 1$ d) $2x^2 - 3x + 1$ e) n.d.a.

Resp: 111 E 112 E 113 C

152 Decomponha o polinômio $P(x) = x^4 - 4x^3 + 7x^2 - 6x + 2$ sabendo que admite **$\alpha = 1$ como raiz dupla**, isto é, apresenta o **"fator"** $(x - 1)^2 = (x - 1)(x - 1)$.
Lembre-se

$P(x) = (x - 1)^2 . Q(x)$ $\Rightarrow$ $P(x) \;\underline{|\,(x - 1)^2}$, $R(x) \equiv 0 \quad Q(x)$

$P(x) \;\underline{|\,x - 1}$, $k_1 = 0 \quad Q_1(x) \;\underline{|\,x - 1}$, $k_2 = 0 \quad Q_2(x)$

1	− 4	7	− 6	2	1
				0	1
			0		

153 Decomponha o polinômio $P(x) = 2x^5 - x^4 - 7x^3 + 7x^2 + x - 2$ sabendo que admite $\alpha = 1$ como raiz tripla (apresenta o fator $(x - 1)^3$).

Resp: **151** a) $P(x) = 2\left(x - \frac{1}{2}\right)(x + 2)(x - 1)$ b) $P(x) = 30\left(x - \frac{3}{5}\right)\left(x - \frac{1}{2}\right)\left(x - \frac{2}{3}\right)$

c) $P(x) = (x + 4)(x - 1)(x + i)(x - i)$

118 (E.E. SC/USP - 66) Se **Q** o quociente e **R** o resto da divisão de um polinômio **A** por um polinômio **B**. Então, quando **A** é dividido por **2B**:

a) o quociente é 2Q e o resto 2R

b) o quociente é $\frac{Q}{2}$ e o resto $\frac{R}{2}$

c) o quociente é $\frac{Q}{2}$ e o resto é R

d) o quociente é 2Q e o resto R

e) o quociente é 2Q e o resto $\frac{R}{2}$

119 (PUC/SP - 70) Para que valor de m o resto da divisão de $\mathbf{P_1(x) = 4x^3 - 3x^2 + mx + 1}$ por $\mathbf{P_2(x) = 2x^2 - x + 1}$ independe de **x** ?

a) $m = \frac{2}{5}$

b) $m = \frac{1}{5}$

c) $m = \frac{3}{5}$

d) $m = \frac{5}{2}$

e) n.d.a.

120 (CESCEM - 77) Se $p(x) = 2x^3 + x^2 - 8x$ e $q(x) = x^2 - 4$, então $\frac{p(x)}{q(x)}$ é:

a) $2x + 1$

b) $2x + 5$

c) $2x + 1 + \frac{4}{x^2 - 4}$

d) $2x + 1 - \frac{4}{x^2 - 4}$

e) $2x + 1 + \frac{1}{x^2 - 1}$

Resp: 114 E 115 E 116 A 117 B

151 Decomponha os polinômios P (x) seguintes na forma $P(x) = a_0 (x-\alpha_1)(x-\alpha_2) \ldots (x-\alpha_n)$:

a) $P(x) = 2x^3 + x^2 - 5x + 2$ sabendo que $\alpha = \frac{1}{2}$ é uma de suas raízes

b) $P(x) = 30x^3 - 53x^2 + 31x - 6$ sabendo que $\alpha = \frac{3}{5}$ é uma de suas raízes.

c) $P(x) = x^4 + 3x^3 - 3x^2 + 3x - 4$ sabendo que $\alpha_1 = -4$ e $\alpha_2 = 1$ são duas de suas raízes.

Resp: 149 a) $P(x) = (x - 3) \cdot Q(x)$ b) $P(x) = (x + 4) \cdot Q(x)$ c) $P(x) = (x - \frac{1}{3}) \cdot Q(x)$

d) $P(x) = [x - (1 + i)] \cdot Q(x)$ e) $P(x) = (x - 2)(x - 1) \cdot Q(x)$ f) $P(x) = x \cdot Q(x)$

g) $P(x) = (x - 1)(x - 2)(x - 5) \cdot Q(x)$ h) $P(x) = (x + 1)(x - 1)(x - i) \cdot Q(x)$

150 $P(x) = (x - 1)(x - 2)(x - 3)$

121 (CESCEA - 75) Sabendo-se que um polinômio P(x) do 4º grau é divisível por $(x-2)^3$ e que $P(0) = -8$ e $P(1) = -3$, o valor de $P(3)$ é:

a) 10

b) – 8

c) 6

d) 7

e) 3

122 (E.E. Mauá - 67) Determinar **p** e **q** de modo que o polinômio $\mathbf{x^3 + px + q}$ seja divisível por $\mathbf{(x-2)(x+1)}$.

123 (E.E. Lins - 66) Calcular **p** para que o polinômio $\mathbf{4x^4 - 8x^3 + 8x^2 - 4(p+1)x + (p+1)^2}$ seja o quadrado perfeito de um polinômio racional inteiro em **x** .

Resp: 118 C 119 D 120 C

149 Nas condições deste teorema, complete como esta feito no item (a):

a) $P(3) = 0 \quad \Rightarrow \quad P(x) = (x - 3) \,.\, Q(x)$

b) $P(-4) = 0 \quad \Rightarrow \quad P(x) =$

c) $P(\frac{1}{3}) = 0 \quad \Rightarrow$

d) $P(1 + i) = 0 \quad \Rightarrow$

e) $P(2) = 0$ e $P(1) = 0 \quad \Rightarrow$

f) $P(0) = 0 \quad \Rightarrow$

g) $P(1) = P(2) = P(5) = 0 \quad \Rightarrow$

h) $P(-1) = P(1) = P(i) = 0 = \quad \Rightarrow$

150 Decompor o polinômio $P(x) = x^3 - 6x^2 + 11x - 6$ sabendo que $\alpha = 1$ é uma de suas raízes.
Observe e depois complete:

$\alpha = 1$ é raiz de $P(x) \Rightarrow P(1) = 0 \quad \Rightarrow \quad P(x) = (\quad\quad) \,.\, Q(x)$ (: =)

$\Rightarrow$ $P(x)$ | $x - 1$; $R(x) \equiv 0$, $Q(x)$ $\quad \Rightarrow$

1	– 6	11	– 6
			0

$Q(x) \quad\quad \Rightarrow P(x) = (\quad\quad)\underbrace{(\quad\quad\quad)}_{Q(x)}$

Resposta: $P(x) = (\quad\quad)(\quad\quad)(\quad\quad)$

Resp: 148 a) $P(2) = 0$ b) $P(-3) = 0$ c) $P(-\frac{1}{2}) = 0$ d) $P(i) = 0$

124 (POLI - 50) Determinar $\mathbf{p} \in \mathbf{R}$ e $\mathbf{q} \in \mathbf{R}$ de modo que $\mathbf{x^4 + 1}$ seja divisível por $\mathbf{x^2 + px + q}$.

125 (POLI - 59) Demonstre o teorema sobre a unicidade do quociente e do resto da divisão de dois polinômios (supor demonstrada a existência).

Resp: 121 D 122 $p = -3$ e $q = -2$ 123 $p = 0$

148 Observe o que se pode concluir sabendo que $P(x)$ é divisível por $d(x) = ax + b$ $(a \neq 0)$:

$$\mathbf{ax + b \mid P(x)} \Rightarrow \begin{array}{l|l} P(x) & ax + b \\ \hline R(x) = 0 & Q(x) \end{array} \Rightarrow P(x) \equiv Q(x)(ax + b) \Rightarrow$$

$$\Rightarrow P\left(-\frac{b}{a}\right) = Q\left(-\frac{b}{a}\right) . \left[a\left(-\frac{b}{a}\right) + b \right] = Q\left(-\frac{b}{a}\right) . 0$$

$$\Rightarrow \mathbf{P\left(-\frac{b}{a}\right) = 0} \Rightarrow \mathbf{-\frac{b}{a}} \textbf{ é raiz de } \mathbf{P(x)}$$

Seguindo o que está demonstrado acima, complete as seguintes sentenças de modo que sejam verdadeiras:

a) $x - 2 \mid P(x) \Rightarrow P(\quad\quad) = 0$

b) $x + 3 \mid P(x) \Rightarrow$

c) $2x + 1 \mid P(x) \Rightarrow$

d) $x - i \mid P(x) \Rightarrow$

149 Reciprocamente ao exercício anterior, podemos enunciar (Teorma de D'Alembert):
"Se **a** é raiz de $P(x)$ então $P(x)$ é fatorável na forma $P(x) = (x - a) . Q(x)$."

Observe:

$$\left.\begin{array}{l} \begin{array}{l|l} P(x) & x - a \\ \hline k = P(a) & Q(x) \end{array} \text{ (Teorema do resto)} \\ P(a) = 0 \text{ (} \mathbf{a} \text{ é raiz de } P(x) \text{)} \end{array}\right\} \Rightarrow \begin{array}{l|l} P(x) & x - a \\ \hline k = 0 & Q(x) \end{array} \Downarrow \boxed{P(x) = (x - a) . Q(x)}$$

126 (ITA - 62) Se $x^3 + px + q$ é divisível por $x^2 + ax + b$ e $x^2 + rx + s$, demonstrar que $\mathbf{b = -r(a + r)}$.

127 Supondo que **P (x)** seja um polinômio com grau $\mathbf{n \in N^*}$ e $\mathbf{d(x) = ax + b}$ (a 0) um polinômio do 1º grau, determine:

P (x)	d (x)	a) gr (Q) =
R (x)	Q (x)	b) gr (R) =
		c) R (x) =
		d) R (2) =
		R (1 + i) =
		$R(-\frac{b}{a}) =$

Resp: 124 $p = \pm\sqrt{2}$ e $q = 1$ 125 demonstração

Divisibilidade de polinômios (divisões exatas)

$$\begin{array}{l|l} P(x) & d(x) \\ \hline R(x) \equiv 0 & Q(x) \end{array} \iff \mathbf{P(x) = Q(x) \cdot d(x)}$$

divisão exata — fatoração de P (x)

Dizemos, neste caso particular em que $R(x) \equiv 0$, que **P (x) é divisível por d (x)** ou que P (x) é **múltiplo** de d (x) ou que d (x) é **divisor** de P (x) ou que d (x) é **fator** de P (x) ou que **d (x) divide P (x)** .

Indica-se: $\mathbf{d(x) \mid P(x)}$

Lê- se : **d (x) divide P (x)**

Teorema de D'Alembert (Teorema do resto)

Enunciado: "Um polinômio P (x) é divisível por **x – a** se, e somente se, **a** é raiz de P (x)".

Demonstração

Resp: 146 (a, b, c) = (– 3, – 1, 2) e $P(x) = 1(x+1)(x-1)^2(x+2)$

147 (a, b) = (17, – 12) e $Q(x) = 12x^2 - 7x - 12$

Divisões com divisor do 1º grau

$P(x)$	$\underline{\vert\ ax+b}$	$\mathbf{d(x) = ax + b}$	$(a \neq 0)$
$R(x)=k$	$Q(x)$	1º grau	

Como podemos observar no exercício 127 , se o divisor for do 1º grau o resto será de grau zero ($R(x)=k, k \in C \mid k \neq 0$) ou $R(x) = 0$ ($k = 0$) . Em ambos os casos $\mathbf{R(x) = k}$, $\mathbf{k \in C}$, ou seja, $R(x)$ será igual a uma **constante** $\mathbf{k \in C}$ e , portanto, obteremos valor numérico $R(\alpha) = k$, $\forall \alpha \in C$

se $\mathbf{k \neq 0 \Rightarrow R(x) = k}$ (polinômio com grau zero)

se $\mathbf{k = 0 \Rightarrow R(x) = 0}$ (polinômio nulo e a divisão será exata).

Teorema do Resto

$P(x)$	$\underline{\vert\ x-a}$
$R(x)=k$	$Q(x)$
$(k \in C)$	

Enunciado: "O resto da divisão de $\mathbf{P(x)}$ por $\mathbf{d(x) = x - a}$ é a constante $\mathbf{P(a)}$ ".

Observações:

1ª) Este teorema só é válido quando o divisor é do 1º grau.

2ª) Ele nos permite achar o resto da divisão de $P(x)$ por $d(x) = x - a$ sem efetuá-la.

Resp: 126 demonstração

127 a) $gr(Q) = n - 1$ b) $gr(R) = 0$ ou $R(x) \equiv 0$

c) $R(x) = k = kx^0$ ($k \in C$) d) $R(2) = k$, $R(1+i) = k$, $R(-\frac{b}{a}) = K$

146 Determine **a, b, c** de modo que o polinômio $P(x) = x^4 + x^3 + ax^2 + bx + c$ seja múltiplo de $d(x) = (x - 1)(x + 1)(x + 2)$. A seguir decomponha $P(x)$ num produto de fatores do 1º grau (Teorema da decomposição).
Sugestão: utilize o Dispositivo de Briot - Ruffini

147 Determine **a, b** de modo que o polinômio $P(x) = 12x^4 - 31x^3 + 14x^2 + ax + b$ seja divisível por $d(x) = (x - 1)^2$. Determine, a seguir, o quociente dessa divisão.

Lembre-se:

$$\begin{array}{l|l} P(x) & (x-1)^2 \\ \hline R(x) \equiv 0 & Q(x) \end{array} \quad \Leftrightarrow \quad \begin{array}{l|l} P(x) & x-1 \\ \hline k_1 = 0 & Q_1(x) \end{array}, \quad \begin{array}{l|l} Q_1(x) & x-1 \\ \hline k_2 = 0 & Q_2(x) \end{array}$$

Resp: **145** a) $Q(x) = 3x^2 + 3x - 2$ e $R(x) \equiv 0$
b) $Q(x) = x^2 - x - 5$ e $R(x) \equiv 0$
c) $Q(x) = 2x^2 - x - 3$ e $R(x) \equiv 0$

[128] Determine em cada caso, o resto $R(x) = k$ da divisão de $P(x)$ por $d(x)$ (do 1º grau), sem efetuá-la:

a) $P(x) = x^3 - 3x^2 + x + 6$

$d(x) = x - 2$

$R(x) = k = P(2)$

resto = P (2) =

$$
\begin{array}{rl}
x^3 - 3x^2 + x + 6 & \underline{|\; x - 2} \\
\underline{-x^3 + 2x^2 \quad\quad\quad} & x^2 - x - 1 \\
-x^2 + x + 6 & \\
\underline{x^2 - 2x \quad} & \\
x + 6 & \\
\underline{x - 2} & \\
R(x) = 4 & \leftarrow \text{observe}
\end{array}
$$

(polinômio com grau zero)

b) $\left.\begin{array}{l} P(x) = -2x^4 + x^2 - 3x - 4 \\ d(x) = x + 1 \end{array}\right\} \Rightarrow R(x) = k = P(\;)$

c) $\left.\begin{array}{l} P\;x = -x^{12} - x^{11} + x^{10} - x^9 + \ldots - x + 1 \\ d(x) = x - 1 \end{array}\right\} \Rightarrow R(x) = k =$

d) $\left.\begin{array}{l} P(x) = x^3 + 2x^2 + 3x + 6 \\ d(x) = x + 2 \end{array}\right\} \Rightarrow k =$

e) $\left.\begin{array}{l} P(x) = x^4 - x^3 - x^2 - x - 1 \\ d(x) = x + i \end{array}\right\} \Rightarrow k =$

f) $\left.\begin{array}{l} P(x) = x^2 - x + 3 \\ d(x) = x - 1 - i \end{array}\right\} \Rightarrow k =$

g) $\left.\begin{array}{l} P(x) \text{ é um polinômio qualquer, dado.} \\ d(x) = ax + b \quad (a \neq 0) \end{array}\right\} \Rightarrow k =$

h) $\left.\begin{array}{l} P(x) = x^2 - 2x + 3 \\ d(x) = 2x + 1 \end{array}\right\} \Rightarrow k =$

i) $\left.\begin{array}{l} P(x) = x^n - a^n \quad (n \in N^*) \\ d(x) = x + a \end{array}\right\} \Rightarrow k =$

145 Determine o quociente e o resto das divisões $P(x) : d(x)$ seguintes, usando o Dispositivo de Briot - Ruffini **(divisão em escada)**:

Lembre-se: $R(x) \equiv 0 \Leftrightarrow k_1 = k_2 = k_3 = 0$ (página 82)

a) $P(x) = 3x^4 + 9x^3 - 5x^2 - 13x + 6$
$d(x) = (x - 1)(x + 3) = x^2 + 2x - 3$

b) $P(x) = x^4 + x^3 - 7x^2 - 10x$
$d(x) = x^2 + 2x$

c) $P(x) = 2x^5 - 5x^4 - 3x^3 + 11x^2 + x - 6$
$d(x) = (x + 1)(x - 2)(x - 1)$

Resp: 143 $Q(x) = Q_3(x) = 2x^2 - x - 3$
144 $Q(x) = x^{98} + x^{96} + x^{94} + \ldots + x^2 + 1$ e $R(x) = x + 2$

Teorema do Resto: "O resto da divisão de um polinômio P(x) por $d(x) = ax + b$ $(a \neq 0)$ é a constante $P\left(-\frac{b}{a}\right)$."

demonstração:

$$\begin{array}{l|l} P(x) & ax+b \\ \hline R(x) & Q(x) \end{array}$$

como $gr(d) = 1 \Rightarrow$ $\mathbf{R(x) = k, k \in C}$

Por definição, temos: $\mathbf{P(x) \equiv Q(x) . (a x + b) + k}$

Lembrando que uma identidade é uma igualdade verdadeira para qualquer valor numérico atribuído ao **x** , temos:

129 Determine em cada caso, o valor do **parâmetro m** de modo que se obtenha o valor pedido para o resto da divisão P (x) : d (x) , sem efetuá-la:

a) $P(x) = 2x^3 + mx^2 - mx - 5$
$d(x) = x - 2$ e resto $= R(x) = k = 9$

Resp: 128 a) $R(x) = k = 4$ b) $R(x) = P(-1) = -2$ c) $k = P(1) = 1$ d) $P(-2) = 0$ (divisão exata)

e) $P(-i) = 1$ f) $P(1 + i) = 2 + i$ g) $P\left(-\frac{b}{a}\right)$ h) $P\left(-\frac{1}{2}\right) = \frac{17}{4}$

i) $R(x) = P(-a) = \begin{cases} -2a^n & \text{se n for ímpar} \\ 0 & \text{se n for par} \end{cases}$

143 Usando o **Dispositivo de Briot - Ruffini**, determine **o quociente** (e apenas o quociente) da divisão de $P(x) = 2x^5 - 5x^4 - 3x^3 + 5x^2 - 1$ por $d(x) = (x - 1)(x + 1)(x - 2)$

$P(x)$	2	– 5	– 3	5	0	– 1	
$Q_1(x)$							
$Q_2(x)$							
$Q_3(x)$							

$Q(x) = Q_3(x) =$

144 (UNICAMP - 94) Determine o quociente e o resto da divisão de $\mathbf{x^{100} + x + 1}$ por $\mathbf{x^2 - 1}$.

129 b) $P(x) = 5x^4 + 2mx^3 - 2mx^2 - m$
$d(x) = x + 1$ e $R(x) = k = 0$ (divisão exata)

130 Determine $m \in C$ de modo que $P(x)$ seja divisível por $d(x)$ nos seguintes casos:
Sugestão: Utilize o Teorema do Resto; não é necessário efetuar a divisão $P(x) : d(x)$.

a) $\mathbf{P(x) = x^4 + mx^3 - x^2 + 2x - m}$ e $\mathbf{d(x) = x + m}$

b) $\mathbf{P(x) = 2x^5 - x^4 + mx^3 - x^2 - 3mx + 3}$ e $\mathbf{d(x) = 2x - 1}$

c) $\mathbf{P(x) = mx^3 + (m - 1)x^2 - x + 4}$ e $\mathbf{d(x) = 3x + 4}$

Resp: 129 a) $m = -1$

Divisões sucessivas (Divisão "em escada")

É possível demonstrar que esse método também pode ser usado para **divisores com grau maior que dois**. Como, entretanto, a expressão do resto é de difícil memorização, a utilização da "divisão em escada" só é prática para a determinação do quociente ou para divisões exatas ($R(x) \equiv 0$). Observe o caso em que o divisor é do 3º grau.

$$\begin{array}{l|l} P(x) & (x-a)(x-b)(x-c) \\ \hline R(x) & \mathbf{Q(x)} \end{array}$$

$$\begin{array}{llll} P(x) & \underline{|\ x-a} & & \\ k_1 & Q_1(x) & \underline{|\ x-b} & \\ & k_2 & Q_2(x) & \underline{|\ x-c} \\ & & k_3 & \mathbf{Q_3(x)} \end{array}$$

$(\text{I})\ P(x) \equiv Q(x)(x-a)(x-b)(x-c) + R(x)$

$P(x)$	a_0	a_1	a_2	...	a_{n-2}	a_{n-1}	a_n	a
$Q_1(x)$	a_0	*	*	...	*	*	k_1	b
$Q_2(x)$	a_0	*	*	...	*	k_2		c
$Q_3(x)$	a_0	*	*	...	k_3			

$Q(x) = Q_3(x)$

Demonstra-se que: $Q_3(x) = Q(x)$

$R(x) = k_3(x-a)(x-b) + k_2(x-a) + k_1$

(não se memoriza esta expressão)

Importante: $R(x) \equiv 0 \quad \Leftrightarrow \quad k_1 = k_2 = k_3 = 0$

Resp: 142 a) $Q(x) = 2x^2 + 5x + 17$ e $R(x) = 50x + 50$
b) $Q(x) = 3x - 5$ e $R(x) = 2x - 3$
c) $Q(x) = 2x^3 - 4x - 6$ e $R(x) \equiv 0$ (divisão exata)

131 (SANTA CASA/SP - 82) Sejam os polinômios $f = x^2 + x - 12$, $g = x^2 + 4x - 21$ e $h = x - k$, onde $k \in R$. Se h é divisor comum de f e g, então k pertence ao intervalo:

a) [– 4, – 2]   b) [– 2, 0]   c) [0, 1]   d) [1, 3]   e) [4, + ∞ [

132 (SANTA CASA/SP - 82) Dividindo-se um polinômio f por $x^2 - 3x + 1$ obtém-se quociente $x + 1$ e resto $2x + 1$. O resto da divisão de f por $x + 1$ é:

a) – 2   b) – 1   c) 3   d) 2x – 1   e) 2x + 1

Resp: 129 b) m = 1   130 a) m = 0 ou m = – 3   b) m = 2   c) m = 6

142 Usando a estratégia da página anterior efetue as divisões P (x) : d (x) seguintes.
Observação: o divisor deve ser fatorado na forma d (x) = (x – a) (x – b) , primeiramente.

a) $P(x) = 2x^4 + x^3 + x^2 + x - 1$
$d(x) = x^2 - 2x - 3 = (\quad)(\quad)$ ⇒ $Q(x) =$
$R(x) = k_2 (x - a) + k_1$

P (x)	2	1	1	1	–1	
$Q_1(x)$						
$Q_2(x)$						

Note que a "ordem dos fatores" (x – a) (x – b) não é importante.

b) $P(x) = 3x^3 - 5x^2 - x + 2$
$d(x) = x^2 - 1 = (\quad)(\quad)$

c) $P(x) = 2x^5 - 6x^4 + 6x^2 + 10x - 12$
$d(x) = x^2 - 3x + 2 = (\quad)(\quad)$

133 (CESCEM - 73) A divisão de $(x^{999} - 1)$ por $(x - 1)$ tem resto $R(x)$ e quociente $Q(x)$. Pode-se afirmar que:

a) $R(x) \equiv -2$ e $Q(x)$ tem grau 998

b) $R(x) \equiv 0$ e $Q(x)$ se anula para $x = 0$

c) $R(x) \equiv -2$ e $Q(x)$ se anula para $x = -1$

d) $R(x) \equiv 0$ e $Q(x)$ vale 1 para $x = 0$

e) $R(x) \equiv 2$ e $Q(x)$ vale 1 para $x = 0$

134 (CESCEA - 73) Os coeficientes $a_0, a_1, a_2, ..., a_n$ do polinômio $P(x) = a_0 + a_1x + ... + a_nx^n$ formam, nesta ordem, uma P. G. de razão $\frac{1}{2}$. Então o resto da divisão de $P(x)$ por $x + 2$ é:

a) 0, se n é ímpar

b) 0, se n é par

c) 0, se $a_0 = 1$

d) não sei

135 (PUC/SP - 82) O resto da divisão do polinômio $p(x) = (x-1)(x-2)....(x-n) + b$ pelo polinômio $q(x) = x$ é:

a) b b) $(-1)^n$ b c) $n! + b$ d) $(-1)^n . n!$ e) $(-1)^n . n! + b$

Resp: 131 D 132 B

Dispositivo de Briot - Ruffini

3º caso: **$d(x) = (x - a)(x - b)$ (divisor do 2º grau)**
(divisão "em escada")

Observe:

$$\begin{array}{l|l} P(x) & (x-a)(x-b) \\ \hline R(x) & Q(x) \end{array} \Rightarrow \quad \mathbf{P(x) \equiv Q(x)\,.\,(x-a)\,(x-b) + R(x)} \quad (\text{I})$$

Fazendo esta divisão em duas etapas, teremos:

$$\begin{array}{l|l} P(x) & x-a \\ \hline k_1 & Q_1(x) \end{array} \Rightarrow \quad (1) \quad P(x) = Q_1(x)\,.\,(x-a) + k_1$$

$$\begin{array}{l|l} Q_1(x) & x-b \\ \hline k_2 & Q_2(x) \end{array} \Rightarrow \quad (2) \quad Q_1(x) = Q_2(x)\,.\,(x-b) + k_2$$

E substituindo (2) em (1) obteremos:

$$P(x) = [\,Q_2(x)\,.\,(x-b) + k_2\,]\,.\,(x-a) + k_1$$

(II) $\mathbf{P(x) = Q_2(x)\,.\,(x-a)(x-b) + k_2\,(x-a) + k_1}$

(I) $\mathbf{P(x) = Q(x)\,.\,(x-a)(x-b) + R(x)}$

Comparando (I) e (II) podemos concluir que

$$\boxed{Q(x) = Q_2(x)} \quad \text{e} \quad \boxed{R(x) = k_2\,(x-a) + k_1}$$

(não se memoriza esta "fórmula", incorpora-se o processo)

Na prática, teremos:

$P(x)$	a_0	a_1	a_2	.....	a_{n-2}	a_{n-1}	a_n	a
$Q_1(x)$	a_0	*	*	.....	*	*	k_1	b
$Q_2(x)$	a_0	*	*	.....	*	k_2		

que é o dispositivo de Briot - Ruffini para **divisões sucessivas** que chamaremos de **divisão em escada**.

Resp: 140 a) $Q(x) = \frac{1}{2}x^3 + \frac{1}{4}x^2 - \frac{3}{8}x - \frac{11}{16}$ $R(x) = \frac{5}{16}$

b) $Q(x) = x^2 - \frac{1}{3}x + \frac{4}{9}$ $R(x) = -\frac{13}{9}$

141 A

Divisão pelo dispositivo prático de Briot - Ruffini

O método que veremos a seguir (para a divisão de $P(x)$ por $d(x)$) é extremamente prático quando o divisor é da forma $\mathbf{d(x) = 1x \pm a}$ (divisor do 1º grau e com coeficiente dominante $a_0 = 1$)

Quando o divisor é da forma $d(x) = ax \pm b$ com $a \neq 0$ e $a \neq 1$ ou quando o grau de $d(x)$ é maior que 1 , também é possível utilizar esse dispositivo embora não seja tão prático.

Exemplo: Vamos efetuar a divisão de $\mathbf{P(x) = x^3 - 3x^2 + x + 6}$ por $\mathbf{d(x) = x - 2}$

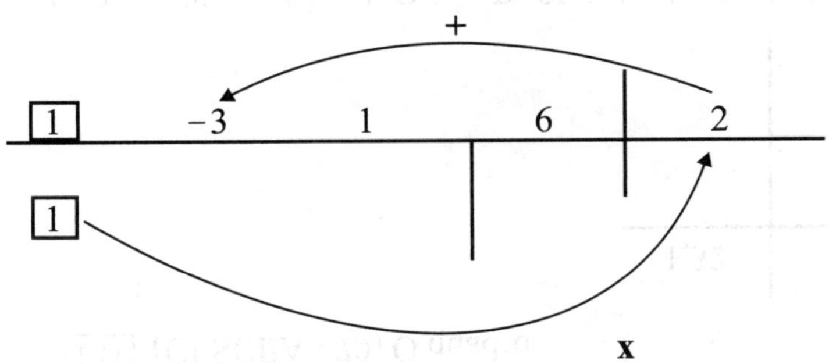

$$
\begin{array}{l|l}
x^3 - 3x^2 + x + 6 & x - 2 \\
\hline
-x^3 + 2x^2 & x^2 - x - 1 \\
\hline
\quad -x^2 + x + 6 & \\
\quad\ x^2 - 2x & \\
\hline
\qquad -x + 6 & \\
\qquad\ x - 2 & \\
\hline
\end{array}
$$

R (x) = 4 ← observe
(polinômio com grau zero)

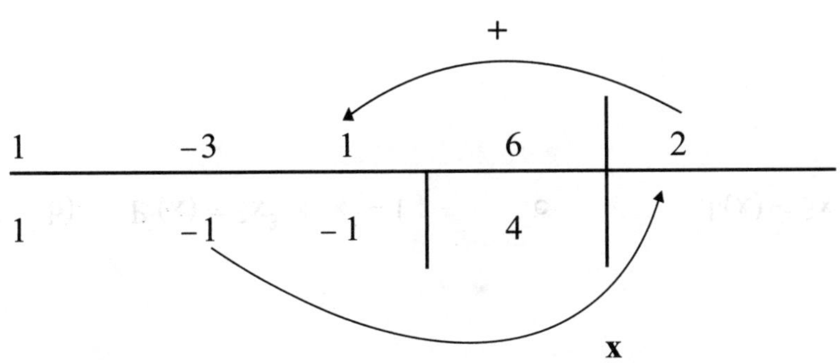

Comparando com essa mesma divisão feita ao lado pelo método da chave, escreva a resposta: $\begin{cases} Q(x) = \\ R(x) = K = \end{cases}$

Resp: 133 D 134 A 135 E

140 Efetue as divisões $P(x) : d(x)$ seguintes usando o dispositivo de Briot - Ruffini:

a) $P(x) = x^4 - x^2 - x + 1$ e $d(x) = 2x - 1$

$Q'(x) =$

$Q(x) = \frac{Q'(x)}{2} =$

$R(x) =$

b) $P(x) = 3x^3 + x - 1$ e $d(x) = 3x + 1$

141 (CESCEA - 70) O quadro

1,32	1	0	– 0,52	– 1,626
		1,32	1,7424	1,613568
	1	1,32	1,2224	– 0,012432

é o dispositivo prático de Briot - Ruffini, da divisão de determinando polinômio $P(x)$ por determinado binômio linear $D(x)$. Então o valor de $P(x) + D(x)$ no ponto $x = 1$ (isto é, para $x = 1$) é:

a) – 1,466 b) – 0,826 c) 1 d) – 0,33243 e) 0,854

Resumindo, se $P(x) = a_0x^n + a_1x^{n-1} + ... + a_{n-1}x + a_n$ e $d(x) = 1x - m$, teremos:

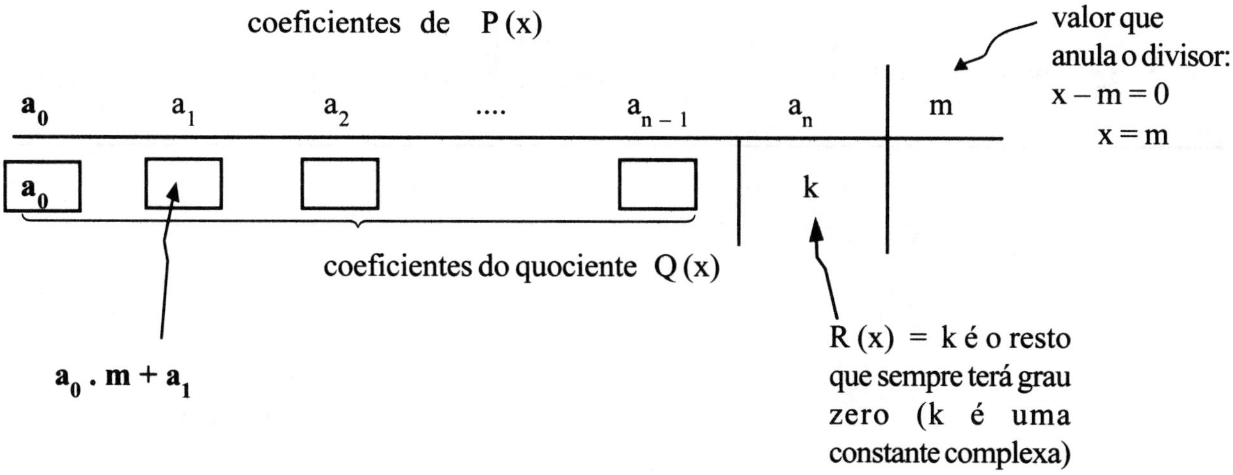

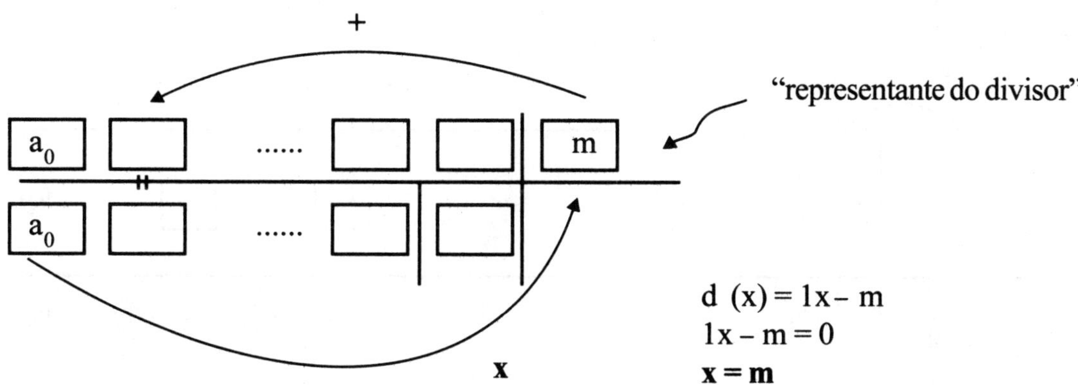

Observações:

1ª) Os coeficientes dominantes de P (x) e Q (x) são sempre iguais (a_0) e isto só ocorre porque o coeficiente dominante do divisor é 1.

2ª) O número de termos do quociente Q (x) é **n – 1** onde **n** é o número de termos do dividendo P (x) pois gr (P) = n e gr (d) = 1 ⇒ gr (Q) = n – 1.

3ª) Se P (x) for incompleto é necessário colocar 0 (zero) nas posições correspondentes desses termos "ausentes".

P (x) deve estar, também, reduzido e ordenado.

4ª) Se o divisor for d (x) = x = x – 0 , zero deve ser colocado na posição reservada ao "representante do divisor".

Dispositivo de Briot - Ruffini

2º caso: $\mathbf{d(x) = ax + b}$ $(a \neq 0 \quad e \quad a \neq 1)$

Como veremos, é possível fazer uma "adaptação" que nos permitirá usar o dispositivo de Briot - Ruffini mesmo quando o divisor de 1º grau tiver coeficiente dominante $a_0 \neq 1$. Observe:

$$\begin{array}{l|l} P(x) & ax + b \\ \hline R(x) = k & Q(x) \end{array} \quad \xrightarrow{Def.} \quad P(x) = Q(x) \cdot (ax + b) + k$$

$$P(x) = \boxed{Q(x) \cdot a} \left(1x + \frac{b}{a}\right) + k$$

$Q'(x)$ novo divisor

$$Q'(x) = Q(x) \cdot a$$

$$\mathbf{Q(x)} = \frac{Q'(x)}{a}$$

Na prática, teremos:

P (x)

a_0	a_1	a_2	....	a_{n-1}	a_n	$-\frac{b}{a}$
a_0	b_1	b_2	....	b_{n-1}	k	

Q' (x)

representante do divisor

resto

$$Q(x) = \frac{Q'(x)}{a} \quad \frac{a_0}{a}x^{n-1} + \frac{b_1}{a}x^{n-2} + \frac{b_2}{a}x^{n-3} + \dots + \frac{b_{n-1}}{a}$$

$$R(x) = k$$

Resp: 138 $\begin{cases} P(x) = 2x^4 - 5x^3 - x^2 + 2x + 3 \\ d(x) = x - 2 \\ Q(x) = 2x^3 - x^2 - 3x - 4 \\ R(x) = -5 \end{cases}$

139 a) $\begin{cases} P(x) = 3x^4 - x^2 + 4 \\ d(x) = x + 1 \\ Q(x) = 3x^3 - 3x^2 + 2x - 2 \\ R(x) = 6 \end{cases}$

b) $\begin{cases} P(x) = -2x^3 + 3x^2 - 7x + 3 \\ d(x) = x - \frac{1}{2} \\ Q(x) = -2x^2 + 2x - 6 \\ R(x) = 0 \end{cases}$

136 Usando o **Método de Briot - Ruffini** efetue as divisões P (x) : d (x) seguintes:

a) $P(x) = 2x^4 - x^3 - 4x^2 + 4x + 5$ e $d(x) = x - 1$

Q (x) =
R (x) =

b) $P(x) = -x^3 + 3x - 1$ e $d(x) = x + 2$

c) $P(x) = 3x^2 - 1 - 2x^3 + 4x^4 + x$ e $d(x) = x + 1$

d) $P(x) = x^5 + 1$ e $d(x) = x + 1$

e) $P(x) = x^n - a^n$ e $d(x) = x - a$ ($n \in N$ e $a \in C$)

f) $P(x) = x^n - a^n$ e $d(x) = x + a$ ($n \in N$ e $a \in C$)

138 Observando os dispositivos práticos do exercício anterior e após obter os valores pedidos, escreva os polinômios:

dividendo = P (x) =
divisor = d (x) =
quociente = Q (x) =
resto = R (x) = k =

139 Complete os dispositivos práticos de Briot - Ruffini seguintes e, a seguir, escreva os polinômios P(x) (dividendo), d (x) (divisor), Q (x) (quociente) e R (x) (resto) (suponha que d(x) tenha coeficiente dominante $a_0 = 1$).

a)

3	0	− 1	0	4	− 1

P (x) =

d (x) =

Q (x) =

R (x) =

b)

− 2	3	− 7	3	$\frac{1}{2}$

P (x) =

d (x) =

Q (x) =

R (x) =

Resp: 137 a = 4 , b = − 1 , c = 2 , d = − 4 , e = 2 , f = − 1 , g = − 4

Resp: 136 a) $Q(x) = 2x^3 + x^2 - 3x + 1$
$R(x) = 6$

b) $Q(x) = -x^2 + 2x - 1$
$R(x) = 1$

c) $Q(x) = 4x^3 - 6x^2 + 9x - 8$
$R(x) = 7$

d) $Q(x) = x^4 - x^3 + x^2 - x + 1$
$R(x) = 0$ (polinômio nulo)

e) $Q(x) = x^{n-1} + ax^{n-2} + a^2x^{n-3} + ... + a^{n-2}x + a^{n-1}$
$R(x) = 0$

f) $Q(x) = x^{n-1} - ax^{n-2} + a^2x^{n-3} - ..... + (-a)^{n-2}x + (-a)^{n-1}$
$R(x) = -2a^n$ (para n ímpar) ou $R(x) = 0$ (para n par)

137 Há autores que preferem trabalhar com outros "formatos" para o dispositivo de Briot - Ruffini . Observe a divisão de $P(x) = x^3 \quad 3x^2 + x + 6$ por $d(x) = x - 2$ em dois outros formatos:

1º)

P (x)

+	1	−3	1	6	2
		2	−2	−2	
=	1	−1	−1	4	

Q (x) R (x)

2º)

2	1	−3	1	6
x	1	−1	1	4

Q (x) R (x)

Lembrando a Divisão Euclidiana em N , temos:

9	2	que em países de influência cultural inglesa		4
−8	4	ou oriental se faz com o divisor do lado	2	9
1				−8
				1

esquerdo o que inspirou o "2º formato" do dispositivo de Briot - Ruffini acima.

Assim sendo, determine os valores de a, b, c, d, e, f, g que completam corretamente os dispositivos práticos abaixo:

2	−5	−1	c	3	2
	a	−2	−6	−8	
2	b	−3	d	−5	

2	e	−5	f	2	3
	2	−1	−3	g	−5

Impressão e Acabamento
Bartira
Gráfica
(011) 4393-2911